Paul Maar / Christian Schidlowsky

Klaras Engel

Texte . **Medien**

Paul Maar / Christian Schidlowsky
Klaras Engel

Erarbeitet von Volker Frederking
und Axel Krommer

Schroedel

Texte . Medien

Herausgegeben von
Peter Bekes und Volker Frederking

© 2007 Bildungshaus Schulbuchverlage
Westermann Schroedel Diesterweg
Schöningh Winklers GmbH, Braunschweig
www.schroedel.de

Das Werk und seine Teile sind urheberrechtlich geschützt. Jede Nutzung in anderen als den gesetzlich zugelassenen Fällen bedarf der vorherigen schriftlichen Einwilligung des Verlages. Hinweis zu § 52 a UrhG: Weder das Werk noch seine Teile dürfen ohne eine solche Einwilligung gescannt und in ein Netzwerk eingestellt werden. Dies gilt auch für Intranets von Schulen und sonstigen Bildungseinrichtungen.
Auf verschiedenen Seiten dieses Buches befinden sich Verweise (Links) auf Internet-Adressen. Haftungshinweis: Trotz sorgfältiger inhaltlicher Kontrolle wird die Haftung für die Inhalte der externen Seiten ausgeschlossen. Für den Inhalt dieser externen Seiten sind ausschließlich deren Betreiber verantwortlich. Sollten Sie bei dem angegebenen Inhalt des Anbieters dieser Seite auf kostenpflichtige, illegale oder anstößige Inhalte treffen, so bedauern wir dies ausdrücklich und bitten Sie, uns umgehend per E-Mail davon in Kenntnis zu setzen, damit beim Nachdruck der Verweis gelöscht wird.

Druck A 1 / Jahr 2007
Alle Drucke der Serie A sind im Unterricht parallel verwendbar.

Redaktion: Franziska Voigt, Hamburg
Herstellung: Ira Petersohn, Ellerbek
Reihentypografie: Iris Farnschläder, Hamburg
Satz: UMP Utesch Media Processing GmbH, Hamburg
Druck: Clausen & Bosse, Leck
Titelillustration: Christiane Grauert

Lizenzausgabe mit freundlicher Genehmigung des Verlag für Kindertheater Uwe Weitendorf. Copyright © 2006 by Verlag für Kindertheater Uwe Weitendorf, Hamburg. Eine Aufführung des Werkes ist nur nach vorheriger schriftlicher Genehmigung durch den Verlag für Kindertheater Uwe Weitendorf, Poppenbütteler Chaussee 53, 22359 Hamburg, möglich.

Das Texte . Medien -Programm zu »Klaras Engel«:

978-3-507-47029-3 Textausgabe mit Materialien
978-3-507-47129-0 Arbeitsheft
978-3-507-47229-7 Informationen für Lehrerinnen und Lehrer

Informationen und Materialien im Internet:
www.schroedel.de/textemedien

ISBN 978-3-507-47029-3

Inhalt

Paul Maar/Christian Schidlowsky
Klaras Engel (2005)   **9**

Materialien

Biografie
Paul Maar   **70**
Christian Schidlowsky   **73**
Arbeitsanregungen   **74**

Entstehung
Ein Interview mit Paul Maar (2005)   **75**
Ein Interview mit der Schauspielerin
    Katrin Griesser (2007)   **78**
Arbeitsanregungen   **81**

Verstehen und Deuten
Die Form eines Theaterstücks
Volker Frederking »Klaras Engel« – ein
    Theaterstück (2007)   **82**
Brockhaus Kinder- und Jugendtheater (2004)   **84**
Paul Maar Lesen und Hören (2005)   **84**
Arbeitsanregungen   **87**

Figuren
Eine Rollenbiografie entwickeln   **88**
Axel Krommer Die Sprache der Figuren (2007)   **90**
Arbeitsanregungen   **91**

Engel

Engel in der Bibel **93**

Hildegard von Bingen Engel und Menschen (um 1170) **96**

Helmuth von Glasenapp Engel im Christentum, im Judentum und im Islam (1963) **96**

Das Engelsmotiv im Film **100**

Arbeitsanregungen **102**

Weihnachtsgeschichten

Gerlinde Bartels Der kleine Engel Benedikt (2007) **103**

Christina Telker Der Weihnachtsengel (2005) **107**

Herman Bang Einsam am Heiligen Abend (1886) **109**

Gerda Schmidt Weihnachten in 1001 Nacht (2004) **111**

Arbeitsanregungen **115**

Gebet, Tod und ewiges Leben

Albrecht Dürer Betende Hände (um 1508) **116**

Abendgebet **117**

Teresa von Avila Freundschaft mit Gott im Gebet (um 1560) **117**

Hieronymus Bosch Der Aufstieg ins himmlische Paradies (um 1500) **120**

Günter Ewald Nahtoderfahrungen (2006) **121**

Sri Chinmoy Wie sollten sich Angehörige verhalten, wenn jemand stirbt? (1982) **122**

Arbeitsanregungen **124**

Wirkung und mediale Gestaltung
Stadt Neuburg an der Donau Pressemitteilung
(2005) **125**
Fragen an Katrin Griesser, Schauspielerin (2007) **126**
Matthias Boll Im himmlischen Orchester ist noch ein
 Platz frei. Rezension zu »Klaras Engel« (2006) **132**
Szenenfotos (2005) **134**
Paul Maar Verschiedene Medien für Literatur
 (2003) **136**
Arbeitsanregungen **141**

Textquellen **142**
Bildquellen **143**
Anmerkungen **144**

Paul Maar/Christian Schidlowsky
Klaras Engel — 2005

Personen

Der Oberengel
Hat eine sehr verantwortliche Stellung im Himmel. Er ist etwas bürokratisch und blüht immer dann auf, wenn er als Dirigent das Himmlische Harfenorchester leiten kann.

bürokratisch
hält sich genau an Vorschriften
Dirigent
Leiter eines Orchesters

Athanasius
Ist ein untergeordneter Engel mit großem Selbstbewusstsein. Er neigt dazu, sein Können, seine musikalischen Fähigkeiten und seine Kräfte zu überschätzen, denn er bereitet sich erst auf seine Schutzengelprüfung vor. Wenn er die bestanden hat, geht sein größter Traum in Erfüllung: er darf endlich im Himmlischen Orchester mitspielen.

Klara Eichner
Ist im ersten Akt ein etwa 12 Jahre altes, noch recht kindlich wirkendes Mädchen. Im zweiten Akt, der genau ein Jahr später spielt, ist sie bereits deutlich erkennbar ein Teenie geworden.

Teenie
Jugendliche

Brigitte Eichner
Ist Klaras alleinerziehende, berufstätige, häufig gestresste und überforderte Mutter. Sie probiert alles, um es für ihre kleine Familie möglichst schön zu machen.

Hubert Eichner
Lebt mit Klara und Brigitte in derselben Wohnung. Er ist Brigittes Vater und damit der Opa von Klara. Ein ehemaliger Seemann, der sich im ersten Akt noch – auf seinen Stock gestützt – bewegen kann. Ein Jahr später ist er aufgrund seiner steifen Beine an den Sessel gefesselt.

Herr Sperber
Der im selben Haus wohnende Vermieter der Familie Eichner. Im Grunde ist er ein umgänglicher Mensch, dessen Geduld und Verständnis nur nicht überstrapaziert werden dürfen.

Der Oberengel und Herr Sperber können vom selben Schauspieler dargestellt werden.

Das Bühnenbild

Eine Simultan-Dekoration:
Die Vor- und Zwischenspiele im Himmel finden auf einer Vorbühne statt.
Bei geöffnetem Vorhang blickt man dann auf die Hauptbühne: das Wohnzimmer der Familie Eichner.

Vorspiel

Die Vorderbühne ist von der eigentlichen Hauptbühne durch einen Vorhang getrennt. Auf diesem ist der Himmel dargestellt. Am unteren Rand sind Wolken zu sehen, sodass klar wird: Wir sind hier hoch über den Wolken. Das Himmlische Engelsorchester stimmt sich gerade ein, unsichtbar, aber akustisch großartig. Der Oberengel als Dirigent tritt sichtbar vor sein Orchester und hebt den Taktstock. Das unsichtbare Orchester spielt nun eine unendlich zarte Melodie. Der Engel Athanasius schleicht sich herein, geht auf Zehenspitzen hinter dem Dirigenten vorbei und stellt sich unauffällig an den Rand. Er ist offenbar zu spät gekommen. Er wartet auf eine passende Musikstelle und fällt dann laut trompetend ein. Der Dirigent unterbricht entnervt. Das Orchester verstummt.

akustisch
hörbar

Oberengel Athanasius!

Athanasius hört nicht, dass die anderen Musiker aufgehört haben, und spielt begeistert weiter.

Oberengel *(sehr laut)* A-tha-nasius!!! *(Der hört endlich auf zu spielen.)* Du störst das ganze Himmlische Orchester! Außerdem darf hier sowieso nur der mitspielen, der seine Schutzengelprüfung schon bestanden hat.
Athanasius Ach so ... Ja gut, dann mach ich eben die Prüfung zum Schutzengel. Was soll ich tun?
Oberengel Hier verschwinden und uns in Ruhe proben lassen.

Athanasius Aber ich würde so gerne im Engelsorchester mitspielen … Bitte, kann ich meine Prüfungsaufgabe nicht jetzt schon haben?

Oberengel Also gut –

gloriös
Wortspiel: wunderbar, toll

Athanasius Danke, das ist gloriös!

Oberengel Die kleine Klara Eichner lebt allein mit ihrer Mutter und ihrem Opa in der Kesslergasse 20 A, zweiter Stock links.

Athanasius Ja, und?

Oberengel Und du wirst dafür sorgen, dass Klara *diesmal* ein schönes Weihnachtsfest hat.

Firmamental
Wortspiel: großartig

Athanasius Firmamental! Das mach ich doch mit links.

Oberengel »Mit links«?!

Athanasius Wird schon nicht so schwer sein.

Oberengel Na, dann schauen wir uns doch mal zusammen an, wie das Weihnachtsfest der kleinen Klara *im letzten Jahr* gelaufen ist:

Der Oberengel öffnet den himmlischen Wolkenvorhang. Während er seitlich verschwindet, kommt das Wohnzimmer der Eichners zum Vorschein.

1. Akt

Eine ehemals großbürgerliche Wohnung, über hundert Jahre heruntergekommen.

    In der Mitte hinten die Wohnungstür, links hinten die Küchentür, rechts vorne die Tür zur Toilette. Hinten rechts ein großer, verschlissener Ohrensessel, in dem Opa Hubert zu sitzen pflegt. Im Hintergrund seiner Ecke lauter Seefahrtserinnerungen, unter anderem eine barbusige Galionsfigur. Vorne links das Klappbett seiner Enkelin Klara, sie ist ca. 12 Jahre alt. In ihrer Ecke hängen lauter Pferdeposter und andere typische Mädchenträume. Hinten links steht eine Zimmerpalme, rechts vorne auf einem kleinen Schränkchen ein Telefon. In der Mitte vorne ein großes Fernsehgerät auf einem niedrigen Rolltischchen. Neben der Wohnungstüre hängt ein Abreißkalender, der groß die Jahreszahl des letzten Jahres und etwas kleiner das Datum: »24.« zeigt. Mitten durch die Wohnung führt aus der Küche ein Ofenrohr. Alles wirkt abgewohnt, aber man spürt die liebevollen Versuche, es so angenehm wie möglich wirken zu lassen.

großbürgerliche
von wohlhabenden Bürgern bewohnte

verschlissener
oft gebrauchter und sehr abgenutzter

barbusige Galionsfigur
geschnitzte Frauenfigur mit nacktem Busen, die vorn an Segelschiffen angebracht wurde

abgewohnt
oft benutzt und alt

1. Szene

Hubert ist dabei, sich nass zu rasieren, während Klara vor dem Fernseher sitzt, in dem gerade eine Tiersendung läuft. Wir hören Löwengefauche und Gebrüll, sehen aber nichts – wie wir im ganzen Stück immer nur den Ton wahrnehmen.

Hubert Klara! Mach die Glotze leiser!
Klara Ja, Opi!

Klara setzt den Kopfhörer auf. Sofort verstummt der Ton. Da klingelt das Telefon.

Hubert Telefon! Klara!

Klara hört nichts und schaut gebannt auf den Bildschirm. Opa geht hinkend zu Klara hin, hebt eine Ohrmuschel hoch und brüllt wieder:

Hubert Telefon!
Klara Geh du doch, Opi!
Hubert Ist sowieso für dich: eine von deinen Freundinnen ... *(Klara geht zum Telefon.)* Und quatsch nicht so lange, denk an die Kosten!
Klara *(hebt ab)* Hallo, Klara Eichner hier – ah, hallo – *(zum Opa)* Ist die Mama!
Hubert Deine Mutter? Frag sie gleich mal, wann wir endlich was zu essen bekommen!
Klara Was? – Sei doch mal still, Opi! – Mama? Ach nee ... Überstunden am Heiligabend ... Ich wart' schon auf dich, Opi auch – ja, mach schnell und vergiss nicht den Weihnachtsbaum –

<small>verheddert
verfängt</small>

Opa bleibt am Telefonkabel hängen, verheddert sich beim Befreiungsversuch und zieht es dann – ohne dass Klara es sieht – voller Wut aus der Wand.

Klara Hallo? Mama! – Einfach aufgelegt ... *(sieht Opa*

mit dem Kabel in der Hand) Wieso hast du den Stecker rausgezogen?

Hubert Rausgezogen? Gestolpert bin ich! Kein Wunder bei der Unordnung hier …

Klara Du räumst doch nie auf!

Hubert Das fehlt gerade noch, bin ich euer Schiffsjunge?

Klara Mama hat noch im Laden zu tun, sie kommt aber gleich.

Hubert *(erschreckt sich)* Gleich? Ich hab das Geschenk für deine Mutter ja noch gar nicht eingepackt … Klara, hilf mir mal –

Klara Wieso immer ich?

Hubert Wer denn sonst?

Hubert zieht unter seinem Sessel ein Kistchen mit Seefahrtsmotiven hervor, darinnen Seifen. Er schnuppert an verschiedenen und drückt schließlich eine davon Klara in die Hand.

Klara *(ironisch)* Oh, Seife! Mal was ganz anderes – wir haben bestimmt kein Geschenkpapier …

Hubert Nimm halt Zeitungspapier, fliegt ja stapelweise in der Küche rum. Ist auch billiger.

Klara geht in die Küche. Opa dreht den Fernseher zu sich und zieht den Kopfhörer raus. Er wechselt das Programm und schaut sich eine Bibelverfilmung an (wir hören nur den Ton):

Stimme »Jesus aber stand am See Genezareth und sah zwei Schiffe am Ufer liegen. Da trat er in der Schiffe

Schiffsjunge
Lehrling in der Seefahrt

1. Akt, 1. Szene | **15**

eines, welches Simons war, und bat ihn, dass er's ein
wenig vom Lande führte.« –

Hubert *(stellt das Gerät ab)* Typisch Hollywood: mit dem
Dreimaster auf 'nem Karpfenteich rumschippern –
keine Ahnung von der christlichen Seefahrt …

> *Dreimaster* großes Segelschiff mit drei Masten

Klara kommt wieder mit der in Zeitungspapier verpackten Seife. Sogar eine Schleife ziert das Geschenk.

Klara Sieht doch ganz gut aus, oder?
Hubert Lass mal sehen *(wendet das Geschenk beim Lesen):* »In der 52. Minute wäre Ballack beinahe der Führungstreffer gelungen, doch das Wunder von Bern sollte sich nicht wiederholen, denn –« Ja, was ist denn jetzt mit dem Wunder? – Bist du verrückt! Du hast die Zeitung von heute genommen …
Klara Du hast doch gesagt, ich soll Zeitungspapier –
Hubert Aber doch nicht den Sportteil! Da nimmt man die Todesanzeigen.
Klara Mach deinen Kram doch allein!

Sie wirft ihm die Seife zu, dreht den Fernseher zu sich, schaltet ein und auf ihre Tiersendung um.

> *Göre* freches Mädchen

Hubert Freche Göre …

Hubert geht zum Telefonschränkchen und sucht eine passende Schublade, um die Seife zu verstecken. Dabei entdeckt er zwei schön eingepackte Geschenke. Schnell dreht er Klara den Rücken zu, damit sie nicht sieht, wie er die Päckchen eingehend untersucht.

Hubert *(von sich ablenkend)* Ganz schön laut, so ein Tiger, was?
Klara Das ist doch kein Tiger, das ist ein Wildschwein! – Opi, was machst du da?
Hubert Ich? Wieso?
Klara Das sind doch Mamas Geschenke für uns! Die kannst du doch nicht jetzt schon auspacken!
Hubert Lass uns doch nur noch mal gucken, vielleicht kann man ja schon was erkennen?
Klara *(geht zu ihm hin und liest die Namenszettel)* Typisch: Das kleine ist für mich ...

Klara nimmt Opa die Geschenke schnell aus der Hand und rennt damit in die Küche.

Hubert He, gib mir mein Geschenk zurück!
Klara Bescherung ist erst heute Abend!

Sie schlägt die Küchentür hinter sich zu und schließt von innen ab.

Hubert Mach sofort auf! In meinem Alter darf man Geschenke auspacken, wann man selber will! Diese Heimlichtuerei ist nur was für kleine Kinder!

In dem Moment fliegt hinten mittig die Wohnungstüre auf. Einkaufstüten und ein Plastiktannenbaum verdecken Klaras Mutter Brigitte. Wir hören nur ihre Stimme:

2. Szene

Brigitte Da bin ich!
Hubert Oh! Hallo, Gitti …
Brigitte Hallo, Vater … Klärchen? – Wo ist denn Klara? *(Klara kommt aus der Küche.)* Hilfst du mir mit dem Baum bitte?
Hubert Klara, hilf ihr mal!
Klara Wieso immer ich?
Hubert Wer denn sonst?

Sequenz
Abschnitt

Opa setzt sich in seinen Sessel. Klara geht zu ihrer Mutter und nimmt ihr die Einkaufstüten ab, während Brigitte sich mit dem Tannenbaum umständlich durch die Türe schiebt. In der folgenden Sequenz sollen der Baum im Weihnachtsbaumständer auf dem kleinen Tischchen hinten links aufgestellt werden, die jetzt noch dort stehende Palme nach rechts verräumt und die Einkaufstüten in die Küche gebracht werden. Während sich Mutter und Klara darum bemühen, steht jedoch immer wieder etwas im Weg herum, was gerade von der anderen abgestellt wurde. Opa bemüht sich,

koordinieren
ordnen, leiten

mit seinem Stock dirigierend die Aktion zu koordinieren. Da aber Mutter die ganze Zeit sich entschuldigend vor sich hin redet, nimmt keiner seine Anweisungen zur Kenntnis, was zu noch mehr Verwirrung führt.

Brigitte Entschuldigt bitte, dass ich erst so spät komme, aber ihr wisst ja, wie's bei uns im Laden zugeht. Hallo, Klärchen, Küsschen –
Klara Hallo, Mama –

Brigitte Mein Chef will natürlich, dass alle Kunden zufrieden sind. Ihr wisst doch, an Weihnachten müssen die Leute immer noch einkaufen wie die Irren –
Hubert Die Palme muss da weg –
Brigitte – und der Chef erwartet dann auch, dass ich Überstunden mache, gerade an Heiligabend –
Hubert Die Tüten da rüber!
Brigitte – Jedes Jahr dieselbe Leier! In letzter Sekunde fällt den Leuten ein, wem sie alles noch was schenken wollen:
Hubert Du brauchst den Christbaumständer!
Brigitte Da eine Pralinenschachtel für die Oma –
Klara Der Ständer ist noch in der Küche –
Brigitte – Eine Flasche Wein für den Opa –
Hubert Nimm die Tüten mit, Klara!
Brigitte – Eine Seife für die Frau Mama –
Hubert Seife ist doch nett!
Brigitte – Irgendein Spielzeugschrott für die lieben Kinderchen –
Hubert Achtung, das wackelige Tischbein!

Klara rückt das schiefe Bein vom Tischchen der Palme gerade, bevor sie den Ständer draufstellt.

Brigitte – Und natürlich Unmengen zu essen –
Hubert Weil du gerade das Essen erwähnst: Wie sieht unser Festessen dieses Jahr denn aus?
Brigitte Was soll denn jetzt die Tüte hier? *(Stellt den Christbaum auf das Ecktischchen, allerdings ziemlich schief)* – Alle jammern, aber das Einzige, woran sie nicht sparen, ist das Essen –

Hubert Genau: das Essen – *(hat mittlerweile die Palme auf seinem Schoß)* Soll das Stachelding hier eigentlich festwachsen, oder was? –
Brigitte – Und was dann übrig bleibt, das dürfen die Angestellten mitnehmen –
Klara und Hubert Und: Was hast du mitgenommen?

Brigitte setzt sich erschöpft, aber zufrieden auf Klaras Bett.

Brigitte Ach, ist das jetzt schön …
Hubert Ja, schön schief … *(Er hält seinen Stock senkrecht und vermisst imaginär den Tannenbaum.)* … schief wie ein Mast bei Windstärke sechs.
Brigitte Immer hast du was zu meckern –
Klara Was ist denn jetzt mit dem Essen?
Brigitte Ach so, ja – wo sind denn die Einkaufstüten?

Klara und Opa deuten stumm in Richtung Küche, Mutter springt sofort auf und eilt hinein.

> **imaginär**
> eingebildet, im
> Kopf vorgestellt

3. Szene

Hubert Hoffentlich gibt's nicht das Gleiche wie letztes Jahr …
Klara Bananen mit Hackfleisch …
Hubert Und dicken Bohnen in Dosen … Wegen denen war mal mein Messer ständig stumpf: Dieser Idiot von Smut hat den Öffner über Bord gehen lassen –
Brigitte *(ruft aus der Küche)* Hubert, nicht schon wieder dein Seemannsgarn!

> **Smut**
> Koch auf einem
> Schiff
> **Seemannsgarn**
> Geschichten,
> bei denen oft
> etwas dazugedichtet wird

Hubert Na, dann eben nicht … ⎫ *(gleichzeitig)*
Klara Mama, was gibt's denn? ⎭
Brigitte *(aus der Küche)* Hackfleisch! Mit Bananen und …
Klara und Hubert … dicken Bohnen!
Brigitte *(aus der Küche)* Nein: mit Fenchel.
Klara und Hubert Fenchel!
Hubert Manchmal wünsche ich mich auf mein altes Boot zurück …
Klara Ja, ja, früher war alles besser –
Hubert Du, werd nicht unverschämt –
Brigitte *(ruft aus der Küche)* Ihr sollt nicht schon wieder streiten! Dieses Jahr wollen wir ein richtig schönes Fest feiern!
Klara und Hubert Das sagst du jedes Jahr …
Brigitte Seid doch wenigstens heute mal lieb zueinander – das gibt's doch gar nicht! *(Man hört, wie sie in der Küche ärgerlich gegen den Herd schlägt.)* Wie soll ich denn jetzt kochen?!
Klara Mama? Was ist denn los?
Brigitte *(aus der Küche)* Wieso ist das Gas auf einmal weg?
Hubert Hast du die Gasrechnung bezahlt, Gitti?
Brigitte *(guckt aus der Küchentür raus)* Wie denn, vor Weihnachten?

Sie verschwindet gleich wieder in der Küche.

Klara Ja, und was essen wir jetzt, Mama?
Brigitte *(aus der Küche)* Dann fangen wir eben mit dem Nachtisch an –

Klara und Hubert Dosenfutter …
Brigitte *(kommt suchend raus)* Sagt mal, hat einer von euch den Dosenöffner gesehen?
Klara Ich renn mal zu den Kowalevskis hoch und frag, ob sie uns einen leihen!
Brigitte Gute Idee!

Klara rennt aus der Wohnungstür.

4. Szene

Brigitte *(geht zum Telefon und wählt eine Nummer auswendig)* Ich ruf jetzt das Gaswerk an, die können doch nicht schon wieder das Gas abgestellt haben – an Heiligabend!
Hubert Was machst du eigentlich mit dem ganzen Geld?
Brigitte Papa, alles wird immer teurer –
Hubert Wofür überweis' ich dir eigentlich meine Rente?
Brigitte Immer nörgelst du nur an mir rum – sei mal still! Ich hör gar nichts …

Opa schließt heimlich das Telefon wieder an der Buchse an.

Hubert Probier's einfach noch mal!
Brigitte *(wiederholt die Wahl)* Nichts. Absolut tot …

Opa hält ein Überweisungsformular hoch, welches er unter dem Telefon gefunden hat.

Hubert Gitti? Könnte es sein, dass du die Telefongebühren nicht überwiesen hast …

Brigitte Aber ich hab doch vorhin noch mit euch telefoniert –

Hubert Ja, reinrufen kannst du immer, das kostet ja nichts. Aber rausrufen, das geht dann nicht mehr!

Brigitte So ein Mist – *(Sie nimmt die Rechnung aus Huberts Hand.)* Die wollte ich vorige Woche schon bezahlen.

Hubert Na, großartig!

Brigitte Diese Verbrecher haben uns auch noch das Telefon gesperrt …

Hubert Kein Wunder, wenn du Klara immer stundenlang mit ihren Freundinnen quatschen lässt –

Brigitte Ich bin froh, dass sie überhaupt Freundinnen hat –

Hubert Ja, weil du nie Zeit hast, dich anständig um sie zu kümmern!

Brigitte Als ob du dich jemals um mich gekümmert hättest, Papa! Ich sorg schließlich für uns drei ganz allein …

Sie rennt ihre Tränen mühsam unterdrückend aufs Klo und sperrt sich ein.

Hubert *(hinterherrufend)* Jetzt bin ich also wieder schuld!

Er lässt sich mit großer Geste in seinen Sessel fallen. Durch die Wucht knicken die beiden Vorderbeine weg und es haut Opa mit dem Sessel auf den Boden. In dem Moment kommt Klara wieder herein und hält triumphierend einen Dosenöffner hoch.

Geste
Körpergebärde

triumphierend
den Erfolg
zeigend

1. Akt, 4. Szene | **23**

5. Szene

Klara Stellt euch vor, der Kovalevski wollte mir den Dosenöffner erst gar nicht leihen, weil wir angeblich nie was zurückbringen – Opi, was ist denn mit dir los?
Hubert Ach nichts, nur ein kleiner Schiffbruch …
Klara *(sieht den Lichtschein aus der Toilette)* Ihr habt euch gestritten!
Brigitte Nein, nein! *(Drückt hastig die Spülung und kommt aus der Toilette)* Wir werden uns doch nicht am Heiligen Abend streiten – Opa, was ist mit dem Sessel los?
Klara Nur ein kleiner Schiffbruch!
Brigitte Na, dann geh ich jetzt mal in die Kombüse und mach den Nachtisch für uns.

Kombüse Küche auf einem Schiff

Sie nimmt Klara den Dosenöffner aus der Hand und geht in die Küche. Opa ruft hinterher:

Hubert Und wo soll ich mich jetzt hinsetzen?
Brigitte *(im Abgehen)* Stell doch einfach was drunter …
Klara Wie wär's mit dem Akkordeon?

Akkordeon Ziehharmonika mit Tasten

Hubert Klara, das ist ein Musikinstrument, das ist empfindlich!
Klara Ich mein doch den Koffer!
Hubert Ja, das könnte gehen – aber wie soll ich dann spielen?
Klara Opi! Ich hab dich noch nie spielen hören.
Hubert Wie denn auch, bei dem ständigen Chaos hier? Komm, hilf mir mal!
Klara Wieso immer ich?

Hubert Wer denn sonst?

Opa wuchtet hinter dem Sessel einen Akkordeonkoffer hoch. Gemeinsam kippen sie den Sessel nach hinten und wollen gerade den Koffer drunterschieben, als es klingelt.

Hubert Mach doch mal auf.
Klara Wieso immer ich – *(sofort die Antwort des Opas voräffend)* »Wer denn sonst?«
Hubert Sei nicht so frech!

In dem Moment hat Klara schon geöffnet. Im Türrahmen steht der Vermieter Herr Sperber und fühlt sich angesprochen.

6. Szene

Sperber Wie bitte?!
Hubert Oh, ich hab gar nicht Sie gemeint, Herr Sparbier –
Sperber Sper-ber, Herr Eichner.
Hubert Sag ich doch, Herr Sper-ber.
Klara Ich geh mal die Mama holen!

Sie will gerade in die Küche rennen, als in dem Moment ihre Mutter mit drei Ananas-Sahne-Schälchen auf dem Tablett aus der Küche kommt und beide zusammenstoßen.

Klara Unser Vermieter ist da.
Brigitte *(blickt auf die heruntergestürzten Schälchen)* Auch das noch!
Sperber Wie bitte?
Hubert Sie hat doch gar nicht Sie gemeint, Herr Spar-Bier!
Brigitte Oh, Herr Sperber. Das ist aber nett, dass Sie extra zu uns hochkommen – darf ich Ihnen etwas anbieten?
Sperber *(mit Blick auf die Sauerei am Boden)* Lieber nicht. Ich will mich auch kurz fassen und Sie nicht lange stören: Es ist mir etwas unangenehm, aber was ist mit der Mietzahlung? Letzte Woche haben Sie mir verbindlich zugesagt, dass das Geld hundertprozentig noch vor Weihnachten kommt. Heute ist Heiligabend, und die Miete ist immer noch nicht bezahlt.

Betretenes Schweigen.

Klara Mama? *(Leise zu ihrer Mutter)* Brauchst du mein Sparschwein?
Brigitte Aber nein! *(Zum Vermieter)* Wissen Sie, Herr Sperber – das Geld ist gewissermaßen schon unterwegs. In Form meiner Freundin Elfriede –
Hubert Was für eine Elfriede?
Brigitte Hubert, du kennst eben nicht alle meine Freundinnen. Also: Meine Freundin Elfriede ist mit dem Geld schon unterwegs. Und sobald sie eintrifft, bringe ich Ihnen die Miete runter. Allerhöchstpersönlichst!
Sperber Verehrte Frau Eichner: Kann ich Ihnen wirklich glauben?

Brigitte Sicherlich!

Sperber Dann sind Sie sicherlich damit einverstanden, dass ich … *(Er blickt sich in der Wohnung um.)* … Ihren Fernsehapparat bis dahin mit runternehme –

Klara und Hubert Nein!

Sperber Doch! Gewissermaßen als Pfand.

Hubert Das, das, das können Sie nicht machen, Herr Sparbier –

Sperber Sperber! Und sobald Sie mir die ausstehende Miete bringen, bringe ich Ihnen den Fernseher wieder hoch. Allerhöchstpersönlichst!

Er wuchtet das Fernsehgerät hoch und wendet sich zum Gehen. In der Tür dreht er sich noch einmal schwer atmend um.

Sperber So. Ich will Ihren Familienfrieden nicht länger stören; auch meine Familie erwartet mich zum Fest. Schöne Bescherung. *(Er geht ab.)*

7. Szene

Hubert Schöne Bescherung? Das ist das Allerletzte! Das darf er nicht machen, und wenn er noch so sehr der Vermieter ist!

Klara Mama?

Brigitte Ja?

Klara Deine Freundin Elfriede, die kenn ich gar nicht?

Brigitte Ich leider auch nicht …

Hubert Na, großartig!

Brigitte Wisst ihr was? Wir feiern einfach *jetzt* schon Bescherung: Weihnachten ohne Flimmerkiste ist sowieso viel besinnlicher. Ich hab so schöne Überraschungen für euch!

> *Flimmerkiste abwertend für: Fernseher*

Brigitte geht zum Telefonschränkchen und öffnet die Schublade, aus der vorher Großvater ihre Geschenke entfernt hat.

Brigitte Wo sind die Geschenke?
Klara In der Küche!
Hubert Wir haben nur zufällig –
Brigitte Gut. Dann fällt eben auch noch die Weihnachtsbescherung aus. Wenn ihr euch schon selbst beschenkt habt!

Sie rennt ihre Tränen mühsam unterdrückend aufs Klo und sperrt sich ein.

8. Szene

Klara Siehst du, das hast du von deiner neugierigen Nase!
Hubert Deine Mutter ist aber auch überempfindlich. Komm, Klara, hilf mir mal – *(sie vorwegnehmend)* »Wieso immer ich?« – Na, dann eben nicht!

Klara setzt sich auf ihr Bett und bleibt trotz Opas Aufforderung dort sitzen. Opa wartet einen kleinen Moment und kippt dann seinen Sessel allein auf den

Akkordeonkoffer. Er setzt sich ebenfalls. Eine Weile Stille, in der nur die Lichterkette blinkt. Dann beginnt ein Birnchen zu flackern, es knallt und ein Kurzschluss lässt die Lichter verlöschen. Von Kowalevskis oben schallt ein Knabenchor mit einem fröhlichen Weihnachtslied herab. Opa haut mit seinem Gehstock an die imaginäre Decke (das Klopfen kann real von hinter der Bühne kommen) und brüllt:

Hubert Ruhe!

Die Musik wird lauter und Klara beginnt, leise vor sich hin zu schluchzen.

Hubert Schiet Weihnachten! Wie immer. Frohes Fest.

Schiet **Schimpfwort**

Er zieht sich die Decke über den Kopf. Klara beginnt zu beten:

Klara Lieber Gott, wenn es dich gibt, dann mach, dass ich einmal einen Heiligabend ohne Stress und Streit erlebe. Sonst halt ich das nicht mehr aus und hau ab. Amen.

Der Vorhang schließt sich.

1. Akt, 8. Szene

Erstes Zwischenspiel

Wieder im Himmel über den Wolken.

Oberengel So. Das war also genau vor einem Jahr: Das Weihnachtsfest der Familie von Klara Eichner, Kesslergasse 20 A, zweiter Stock links.
Athanasius Ah, ja … Haben wir nicht noch eine andere Familie zur Auswahl?
Oberengel Klaras Familie ist deine Aufgabe.
Athanasius Denen soll ich ein schönes Weihnachtsfest verschaffen? Unmöglich!
Oberengel Hast du nicht vorhin noch behauptet, das machst du »mit links«?
Athanasius Da kannte ich die ja noch nicht!
Oberengel Jetzt kennst du sie …
Athanasius *(druckst herum)* Könnte ich nicht vielleicht eine kleine Erleichterung bekommen, nur eine ganz winzige Vergünstigung?
Oberengel Eine »Vergünstigung«?
Athanasius Na ja, zum Beispiel – ich könnte mich doch wenigstens der kleinen Klara zu erkennen geben?
Oberengel Damit sie dich sehen kann? Tja … da muss ich mal weiter oben nachfragen –
Athanasius Firmamental!

Der Oberengel hebt seinen Arm und ein goldener senkt sich von oben genau in seine Hand.

jubilieren sich freuen	**Oberengel** *(spricht den üblichen Gruß)* Lasst uns frohlocken und jubilieren in Ewigkeit –

*Sofort bricht ein gigantischer Engelschor in
Frohlocken und Jubilieren aus.*

Oberengel *(er brüllt)* Ich brauch nur eine Auskunft!
(Der Gesang endet so plötzlich, wie er begann.) Gibt
es eigentlich eine Ausnahme von der A.E.U.P., von
der »Allgemeinen Engelhaften Unsichtbarkeits-
Pflicht«?

*Im selben Moment antwortet unter Blitz, Donner
und Hall eine Stimme von oben:*

Stimme Zwei Ausnahmen gibt es auf Erden,
die Engeln erlauben, sichtbar zu werden:
Das sind zum einen Kinder in Not,
zum andern Menschen kurz vor dem Tod.

*Der Engelschor jubiliert ein letztes »Amen«, damit
ist das Gespräch beendet.*

Oberengel Da hörst du's, es geht nicht.
Athanasius Aber Klara ist doch in Not!
Oberengel Hm ... so rum betrachtet hast du vielleicht
recht. Na, dann will ich mal eine Ausnahme machen
– die kleine Klara wird dich sehen können.
Athanasius Hallelujabel!
Oberengel Aber sonst niemand.
Athanasius Klar, nur Klara. – Und danach darf ich im
Himmlischen Orchester mitspielen?
Oberengel Nach bestandener Prüfung, ja.
Athanasius Firmamental!

Hallelujabel!
Wortspiel: Sehr
gut!

Erstes Zwischenspiel | **31**

*Er schmettert eine Freudenmelodie auf seiner
Trompete. Der Oberengel hält das Schall-Loch zu,
und das Geschmettere erstirbt. Stumm streckt der
Oberengel seine Hand aus und Athanasius reicht ihm
zögernd seine Trompete. Der Oberengel schleudert
sie wie ein Zauberer in die Luft und hält plötzlich
eine Harfe in der Hand, die er Athanasius überreicht.*

Athanasius Gloriös ... Und was ist das?
Oberengel Eine Harfe. Echtes Ahornholz, Oberfläche geölt und gewachst; 18 Saiten, chromatisch gestimmt. *[je nach Notwendigkeit: »und elektrisch verstärkt«]*
Athanasius Ah, chromatisch [elektrisch] ... Dann werd ich mal ein bisschen üben.
Oberengel Dann fang aber gleich an. Es ist nämlich schon Heiliger Abend.
Athanasius Was? Nichts wie los! *(Er rennt ab.)*
Oberengel *(ihm hinterherrufend)* Viel Glück! *(Dann für sich, während er zum Wolkenvorhang geht)* Und viel Segen ...

Der Oberengel öffnet den Vorhang und verschwindet dabei wieder seitlich.

> *chromatisch nach einer Tonleiter in Halbtönen*

2. Akt

Eichners Wohnzimmer wie im ersten Akt, allerdings alles und alle ein Jahr älter. Der Kalender zeigt das aktuelle, jetzige Jahr, wieder mit dem 24sten als Datum. Die Palme ist etwas größer, der Schimmelfleck an der Decke auch. Die Vorhänge des einzigen Fensters sind ausgetauscht, statt der biederbraunen hängt jetzt etwas sommerlich Buntes davor. Der Sesselbezug von Opas Stammplatz ist noch verblichener, eine Ohrstütze hängt abgebrochen am letzten seidenen Faden herunter. Der Akkordeonkasten vom letzten Jahr ersetzt immer noch die Vorderfüße des Sessels. In diesem sitzt Opa Hubert, aber im Unterschied zum ersten Akt kann er sich nicht mehr aus diesem fortbewegen. Trotzdem versucht er immer wieder, mit seinem ausziehbaren Gehstock in das Geschehen einzugreifen. Was die Kleidung angeht, haben sich Hubert und seine Tochter Brigitte kaum verändert.

Die deutlichste Veränderung ist an Klara zu sehen. Sie trägt statt eines kindlichen Rockes eine jugendliche Hose und ist einfach optisch viel mehr Teenager als noch vor einem Jahr. Statt Pferdepostern hängen in ihrer Ecke jetzt angesagte Popstars, sie trägt größere (oder überhaupt) Ohrringe, die Tagesdecke ihres Klappbettes ziert kein Kinder-Muster mehr, sondern ein jugendliches Motiv. Auf der Ablage des Bettes stehen deutlich weniger Stofftiere, dafür ein Beauty-Case mit Spiegel und Schminkutensilien.

In der Mitte des Raumes steht immer noch das Rolltischchen, allerdings mit einem deutlich kleineren Fernsehgerät.

Teenager
Jugendliche zwischen 13 und 18 Jahren

1. Szene

Opa Hubert in seinem schäbigen Ohrensessel ist dabei, sich zu rasieren, die Wangen sind dick eingeseift. Klara hockt nah vor dem Fernseher und hört leise eine Popmusiksendung. Hinter ihrem Rücken öffnet sich langsam Klaras Klappbett, und der Engel Athanasius erscheint für uns Zuschauer sichtbar. Klara und ihr Opa bemerken ihn jedoch noch nicht. Athanasius versucht, auf seiner Harfe wunderschöne Töne für Klara hervorzuzaubern. Klara fühlt sich gestört und blickt vorwurfsvoll zur Decke. Sie schüttelt über Kowalevskis den Kopf und stellt den Ton des Fernsehgeräts sehr laut.

Hubert Klara, mach die Glotze leiser!

Klara nimmt den nicht verkabelten Kopfhörer und wirft ihn ihrem Großvater zu.

Klara Setz das Ding auf, Opa, dann wird's leiser!

Hubert und dem Engel bleiben vor so viel Dreistigkeit die Spucke weg. Da klingelt es.

Hubert Telefon!

Klara ignoriert das und wippt im Takt der Musik weiter.

Hubert Klara!

Opa nimmt ein Kissen und wirft es in Klaras Richtung, verfehlt sie jedoch und trifft Athanasius. Durch den Schwung fällt der Engel ruckartig auf das Bett, welches ihn verschluckend nach hinten wegklappt. Klara schaut sich verwundert um. In diesem Moment nimmt Hubert seinen Gehstock und zieht den Stecker des Fernsehers raus, welcher neben der Wohnungstür eingesteckt ist. In die Stille flötet er:

Hubert Geh mal zum Telefon ...
Klara Wieso immer ich?
Hubert Wer denn sonst?
Klara Geh doch selber – ach, Opa, du kannst ja nicht mehr ...
Hubert Ist sowieso wieder eine von deinen Freundinnen ...

Klara geht zum Telefon, während Athanasius sich zerknautscht aus dem Bettkasten wühlt und voller Entsetzen feststellt, dass seine [Elektro-]Harfe fehlt.

zerknautscht
zerknittert

Klara *(hebt ab)* Eichner hier – ah, hey, Brigitte! *(Zum Opa)* Nur die Mama –
Hubert Deine Mutter? Frag sie gleich mal, wann wir endlich was zu essen –
Klara Halt mal den Mund, Opa! *(Hubert zieht empört das Telefonkabel raus.)* – Warum rufst du denn an? – Hallo? – Brigitte! *(Klara sieht Opa mit dem Kabel in der Hand. Sie faucht ihn ironisch an.)* Na, Opa, bist du mal wieder gestolpert ...
Hubert Nein, das hab ich absichtlich gemacht: weil du so frech bist!

Klara Du bist vielleicht kindisch: Jetzt wissen wir nicht, was Mama wollte –

Hubert nimmt den Telefonstecker und wirft ihn Klara zu.

Hubert Dann steck den Stecker wieder rein.
Klara Das nützt nichts!
Hubert Wie?
Klara Weil das Telefon gesperrt ist.
Hubert Hat Gitti mal wieder die Telefonrechnung nicht bezahlt?
Klara Ja, deshalb benutzt sie auch dauernd mein Handy –

Klara zieht aus ihrer Hosentasche ein Mobiltelefon und drückt einen Kurzwahlknopf. Während die Verbindung aufgebaut wird, schüttelt Athanasius zum wiederholten Male nur den Kopf.

Hubert Und mir sagt wieder kein Schwein Bescheid. Was ist, wenn ich mal anrufen will?
Klara Wen willst du schon anrufen, Opa? Lebt ja keiner mehr von deinen Bekannten – Ja, ich bin's, Klara, was wolltest du denn, Mama, äh, Brigitte? – Schon wieder Überstunden? – Ja, und vergiss den Weihnachtsbaum nicht. – Hallo? – Mama! – Oh nein, auch noch der Akku abgestürzt ...

Wütend tritt sie gegen ihr Bett, ohne den Engel wahrzunehmen. Der verschwindet zum zweiten Mal – und wieder völlig überrascht – mit dem zusammenklappenden Bett.

Hubert Und? Wann kommt sie mit dem Essen?
Klara Kann dauern. Überstunden.
Hubert Jedes Jahr dieselbe Leier …

Er lehnt sich zum Schlafen zurück. Klara geht zum Fernsehkabel und steckt es wieder ein. Sofort hören wir laut die Popmusik. Opa setzt sich genervt den Kopfhörer als Lärmdämpfer auf. Klara beginnt, die auf dem Bildschirm zu sehende Choreografie nachzutanzen. Hubert schüttelt den Kopf und zieht sich seine Tagesdecke über denselben.

Choreografie einstudierter Tanz

2. Szene

Hinter Opas Sessel taucht Athanasius auf. Er versucht, sich vorsichtig bemerkbar zu machen, um Klara nicht zu erschrecken. Die jedoch kriegt erst mal gar nichts von ihm mit, bis er seine Zeichen immer größer macht und fast schon mittanzt. Als Klara ihn endlich entdeckt, erschrickt sie fürchterlich und erstarrt.

Klara Opa … Opa? Opi!!!
Hubert Was denn? Gibt's schon Essen?
Klara Wer sind Sie?
Hubert Seit wann sagst du »Sie« zu mir?
Klara Ich mein nicht dich, Opi – ich mein den da!

Sie deutet auf den Engel hinter ihm. Er dreht sich um und sieht offenbar nichts.

Hubert *(erbost)* Sehr komisch! Wenn's kein Essen gibt, lass mich gefälligst schlafen!

Hubert macht mit seinem ausziehbaren Gehstock den Fernseher aus und zieht sich die Decke wieder über den Kopf.

Klara Wer sind Sie?
Athanasius Dein Schutzengel.
Klara Wie bitte?
Athanasius Klaras Engel.
Klara Woher kennen Sie meinen Namen?
Athanasius Hör mal, Kleines: Wir Engel wissen prinzipiell sowieso alles. Besonders natürlich die Namen unserer Schutzbefohlenen. Außerdem lassen wir jetzt mal die Förmlichkeiten weg: Ich heiße Athanasius.
Klara Atta– was?
Athanasius Atha – na – si – us. Wörtlich bedeutet mein Name: »der – oh – ne – Tod – ist«. Sinngemäß heißt das »unsterblich«. Du darfst Du zu mir sagen.
Klara Sie verlassen jetzt augenblicklich unsere Wohnung!

Sie geht zur Tür und will sie ihm aufhalten. Doch die Tür ist verschlossen.

Klara Wie ... wie sind Sie reingekommen?
Athanasius Engel brauchen keine Türen ...
Klara Sie verschwinden jetzt oder ich rufe die Polizei!
Athanasius Wie denn?

prinzipiell grundsätzlich

Klara Mit dem Telefon.
Athanasius Mit dem abgestellten?
Klara Mit meinem Handy!
Athanasius Mit dem abgestürzten Akku?
Klara Woher wissen Sie das alles?
Athanasius Aber ich hab dir doch schon gesagt: »Wir Engel wissen prinzipiell sowieso alles.« –
Klara Hören Sie: Meine Mutter kommt jeden Moment nach Hause, und die wirft Sie sofort raus!
Athanasius Du sollst doch Du zu mir sagen. Außerdem kann deine Mutter mich sowieso nicht sehen –
Klara Wieso das denn?
Athanasius Weil ich unsichtbar bin.
Klara Sie Spinner! Ich seh Sie doch!
Athanasius Ja, du! Aber normalerweise kann man uns Engel nicht sehen.
Klara Und wieso seh ich Sie dann?
Athanasius Weil es zwei Ausnahmen gibt: Kinder –
Klara Bin kein Kind mehr. Die andere Ausnahme?
Athanasius Menschen, die dem Tod nahe sind.

Auch Hubert schreckt unter seiner Decke kurz hoch, legt sich dann aber weiterschlafend auf die andere Seite.

Klara Heißt das: Ich muss bald sterben?
Athanasius Tja, wenn du kein Kind mehr bist –
Klara Aber ich will noch nicht sterben …
Athanasius War nur ein kleiner Scherz! Für uns Engel gehst du immer noch als Kind durch.

In dem Moment fliegt hinten mittig die Wohnungstüre auf. Einkaufstüten und ein Plastiktannenbaum verdecken Klaras Mutter Brigitte. Wir hören nur ihre Stimme:

3. Szene

Brigitte Da bin ich schon!
Klara Mama, da ist einer!
Brigitte Oh, wir haben Besuch – Herr Sperber etwa?
Klara Nein, ein fremder Mann! Jetzt komm endlich rein –
Brigitte Ja, dann hilf mir endlich …

Klara will losgehen, aber Athanasius kommt ihr zuvor.

Athanasius Lass mal, Kleines, ich mach das für dich …

Er geht zur Tür und nimmt Klaras Mutter den sperrigen Weihnachtsbaum ab. Brigitte steht mit dem Rücken zum Raum und bemerkt nicht, dass ihr der Engel hilft. Da ihr schlagartig jeder Widerstand fehlt, stolpert sie rückwärts herein und fällt Klara in die Arme. Bevor sie noch realisieren kann, dass der Baum – für ihre Wahrnehmung – im Raum schwebt, wirft ihr Athanasius den Tannenbaum zu. Brigitte fängt ihn auf und lässt dabei die Einkaufstüten fallen, welche Klara aufhebt. Überrascht dreht sich Mama zu Klara und sagt verdattert:

Brigitte Danke, Klärchen …

Klara Ich heiße Kla-ra.
Brigitte Und wo ist jetzt unser Besuch, Kla-ra?
Klara Brigitte, wen siehst du da?
Brigitte *(dreht sich um)* Na, das ist der Opa!
Klara Und dahinter?
Brigitte Der Sessel.
Klara Und hinter dem Sessel?
Brigitte Die Wand! Was soll denn das?
Klara *(zu Athanasius)* Du bist wirklich ein Engel …
Brigitte Oh, danke … das hast du noch nie zu mir gesagt. – Stell dir vor:

Wie im ersten Akt beginnt Brigitte nun, die Einkäufe und den Christbaum mit Klaras Hilfe zu verstauen und für die Bescherung vorzubereiten. Wie jedes Jahr gibt Hubert seine Anweisungen, nur diesmal unter der Decke. Beim Hin- und Herräumen landen einige der Tüten in der Küche, aus der wieder der Christbaumständer geholt wird. Um ihn auf dem kleinen Tischchen aufstellen zu können, muss die Palme im Laufe der Szene auf Opas Schoß zwischengelagert werden. Während der ganzen Umräumaktion versucht sich Athanasius nützlich zu machen, bringt dadurch jedoch alles noch mehr durcheinander und steht immer wieder im Weg herum.

Brigitte Da sagt mir mein Chef doch heute tatsächlich – »Frau Eichner? Sie können nach Hause gehen.« Auch das noch, denk ich: die Kündigung! –
Hubert Die Tüten da rüber –

Brigitte geht direkt auf den Engel zu, der sich gerade nach den Tüten bückt.

Klara Vorsicht, Mama!

Zu spät! In dem Moment stolpert Klaras Mama schon über Athanasius, der nicht mehr rechtzeitig ausweichen kann. Brigitte schaut sich überrascht um.

Brigitte Was war das denn?
Klara Das war der Engel.
Brigitte Der Engel? Sag mal, Schatz – hast du wieder den ganzen Vormittag vor der Flimmerkiste gehockt?
Klara Nein! Ich hab dir doch gesagt: Wir haben Besuch!
Brigitte Von einem Engel … Klara? Ich dachte, aus dem Märchenalter bist du inzwischen raus!
Klara *(mit Blick auf den Engel)* Das dachte ich auch … *(zur Mutter)* Also, bist du jetzt gekündigt?
Brigitte Keine Spur!
Hubert Achtung, das wackelige Tischbein!
Brigitte Ganz im Gegenteil: »Frau Eichner?« – sagt der Chef – »Weil Sie die letzten Jahre immer am Heiligen Abend so aufopferungsvoll länger geblieben sind …« – Sag mal, ich hab den Baum doch eben hier abgestellt?

Athanasius will den von ihm zur Seite gestellten Tannenbaum schnell zurückstellen, doch Klara nimmt ihm den Baum aus der Hand.

Klara Hier ist er doch!
Brigitte Ach so …

Hubert Du brauchst den Christbaumständer!
Brigitte Weil ich also immer so zuverlässig war, soll ich heute mal früher nach Hause gehen, sagt der Chef –
Hubert Die Palme muss da weg!
Brigitte – damit ich noch Zeit für die Weihnachtsvorbereitungen habe! »Und als Zeichen meiner Dankbarkeit geb ich Ihnen, Frau Eichner, für Ihr Festessen diese Gans mit!« –

Opa hat gerade die Palme von Klara auf den Schoß gesetzt bekommen, als er sich bei diesen Worten die Tagesdecke ruckartig vom Gesicht zieht.

Hubert Hast du gerade »Gans« gesagt?
Brigitte Und ob du's glaubst oder nicht, Opa, das Mindesthaltbarkeitsdatum ist erst einen einzigen Tag überschritten.
Hubert Du meinst, wir haben eine echte Weihnachtsgans, Gitti?
Brigitte Ja, Berti. Sogar mit Vorsuppe.
Hubert Respekt!

Athanasius deutet im Hintergrund angeberisch auf sich.

Athanasius *(halblaut zu Klara)* Siehst du, kaum bin ich da, wird alles besser.
Klara Ein Wunder …
Brigitte Ja, absolut. Und weil ich dadurch ein bisschen mehr Zeit hatte als sonst, hab ich auf dem Heimweg noch eine echte Überraschung besorgt: Weil ich doch weiß, wie sehr du dir das schon lange wünschst.

Klara Was für eine Überraschung meinst du denn, Mama?
Hubert Soll das Stachelding hier eigentlich festwachsen, oder was? –

Klara nimmt die Palme von seinem Schoß weg und stellt sie auf das Fensterbrett neben seinem Sessel. Kaum dreht sie sich um, kippt die Palme hinter ihrem Rücken um und stürzt vom Sims. Brigitte schreit auf:

Brigitte Klara, die Palme!

Erschrocken dreht Klara sich um, doch da springt Athanasius in einem gewagten Stunt heran und rettet die Palme kurz vor dem Aufprall. Schnell drückt er sie Klara in die Hand.

> *Stunt*
> gefährliche Szene mit Körpereinsatz im Film

Hubert Donnerwetter, schnell reagiert! Das erinnert mich an Kap Hoorn: Da riss aus heiterem Himmel eine teuflische Windbö die Takelage –
Brigitte Hubert, nicht schon wieder dein Seemannsgarn!
Hubert Na, dann eben nicht!

> *Kap Hoorn*
> die Südspitze von Südamerika

> *Takelage*
> Taue und Segel eines Schiffes

Er zieht sich beleidigt die Decke über den Kopf und schläft wieder ein.

Brigitte Aber reagiert hast du wirklich gut, Klärchen.
Klara Klara.
Brigitte Ja, meine Klara. Und dieses Jahr feiern wir ein richtig schönes Fest!

Sie gibt ihrer Tochter einen Kuss auf die Wange und verschwindet mit der Gans in die Küche.

Klara *(fast für sich)* Ach, Mama, das sagst du jedes Jahr …

4. Szene

Klara *(zum Engel)* Trotzdem seltsam: Seitdem du da bist, ist es anders als sonst …
Athanasius Tja, Kleines, genau dafür bin ich doch da.
Klara Genau, Athanasius, warum bist du eigentlich da?
Athanasius Damit du dieses Jahr endlich einmal ein richtig schönes Weihnachtsfest bekommst!
Klara Das glaubst du ja selber nicht. In den letzten Jahren ging immer alles schief.
Athanasius Vergiss mal die letzten Jahre – wie stellst du dir Weihnachten eigentlich vor?
Klara Blöde Frage: schön natürlich!
Athanasius Aber was ist schön für dich, Klara? Was für Geschenke wünschst du dir zum Beispiel?
Klara Ach, weißt du, die Geschenke sind gar nicht so wichtig, auf die könnte ich sogar verzichten.
Athanasius Was dann?
Klara Also: Ich wünsche mir, dass wir uns beim Essen einmal nicht streiten. Keinen Plastikschrott, sondern einen echten Weihnachtsbaum mit Lichtern – und dass wir den gemeinsam schmücken. Dass Opa nicht ständig an mir oder Mama rummeckert. Dass Mama Zeit für mich hat und sich nicht wieder heulend auf

dem Klo einsperrt. Dass wir alle zusammen singen und … und – ach, lass mal gut sein, du siehst schon, lauter unmögliches Zeug eben …

5. Szene

Mutter streckt ihren Kopf aus der Küchentür und flüstert Klara mit Blick auf Opa zu:

Brigitte Klärchen – äh, Klara?
Klara Was ist denn?
Brigitte Pst! Weck den Opa nicht –
Klara Wenn der pennt, dann pennt der.
Brigitte Mach mal die Augen zu.
Klara Wieso?
Brigitte Ich hab doch eine Überraschung für dich! *(Sie geht in die Küche, kommt mit einer Lichterkette wieder und steckt sie ein.)* Licht aus: Augen auf!
Klara Mama, du bist ein Engel! *(Sie umarmt ihre Mutter, dann springt sie Athanasius in die Arme)* Und du auch!

Er fängt Klara auf und hält sie einen Moment hoch. Brigitte schaut fassungslos zu, wie ihre Tochter scheinbar in der Luft schwebt.

Brigitte Klara …

Athanasius bemerkt das Entsetzen in Brigittes Augen und stellt Klara blitzschnell wieder ab.

Brigitte Bist du gerade ... irgendwie – *(macht schnell das Licht wieder an)* geschwebt?
Klara Äh ... ja, Mama – vor lauter Freude! Und jetzt schmücken wir den Baum – gemeinsam.

Plötzlich schnuppert Brigitte in Richtung Küche und eilt los.

Brigitte Oh, ich muss in die Küche, die Gans, die Gans ...
Hubert Die Gans ist fertig?
Brigitte *(aus der Küche)* Noch nicht ganz, aber gleich!
Hubert Bei Neptun! Das wird ein Festessen ...
Klara *(mit Blick auf die Lichterkette)* Ach, ist das jetzt schön ...
Hubert Ja, schön schief ... *(Er hält seinen Stock senkrecht und vermisst imaginär den Tannenbaum.)* ... schief wie ein Mast bei Windstärke sieben. Weckt mich, wenn die Gans ganz fertig ist. *(Zieht sich die Decke über den Kopf)*
Klara Tja ... schön wär's schon, wenn unser Weihnachtsbaum einmal gerade stehen würde –
Athanasius Hey, Kleines, dafür bin ich doch da!

Der Engel klettert auf das Tischchen.

Klara Sei vorsichtig, das Tischchen wackelt.
Athanasius Kein Problem, wir Engel haben kein Gewicht –

In dem Moment kracht der Tisch mit Athanasius und dem Weihnachtsbaum zusammen. Der Engel und

Neptun
römischer Gott des Meeres

Klara schreien auf; der Opa schreckt hoch und Mutter stürzt aus der Küche.

Hubert Alarm!
Brigitte Um Himmels Willen, Klärchen! Ist dir was passiert?
Klara Nein, Brigitte, deiner Kla-ra ist nichts passiert –
Brigitte Na, Gott sei Dank! Da hast du aber einen Schutzengel gehabt –
Klara *(mit Blick auf den vom Christbaum begrabenen Engel)* Und was für einen!
Hubert Sag ich euch nicht seit Jahren, dass das Tischbein wackelt? Das ist aber auch unverantwortlich, Gitti, dass du dich nie um irgendwas kümmerst –
Brigitte Ich kümmer mich nicht? Sagt ausgerechnet der Faulpelz in seinem Sessel da!
Hubert Faulpelz?! Du weißt genau, dass ich keinen Schritt mehr machen kann –
Klara Leute! Müsst ihr schon wieder streiten? Es ist Heiligabend!
Brigitte Hast ja recht, Klärchen – Klara. Schade um das Tischchen … Aber lieber das Tischbein bricht als deines.
Hubert Ja, haltet nur zusammen! *(Für sich)* Manchmal wünsche ich mich auf mein altes Boot zurück …

Er zieht sich wie immer die Decke über den Kopf. Währenddessen stellen Klara und ihre Mutter den kleinen Fernseher zu Opa und den Baum auf das frei werdende Rolltischchen in die Mitte des Zimmers. Dadurch kommt Athanasius wieder frei. Allerdings bleibt er aus Scham über das zerstörte Tischchen erst mal sitzen.

Brigitte Stell den Baum einfach da rüber. Ich kümmere mich um die Suppe. *(Sie geht zurück in die Küche.)*
Klara *(zum Engel, während sie die Lichterkette wieder einsteckt)* Wie war das vorhin: »Wir Engel haben kein Gewicht«?
Athanasius Na ja … im Himmel jedenfalls nicht.

Da erschallt ein Schmerzensschrei aus der Küche.

Hubert Alarm! ⎫
Klara Mama?! ⎬ *(gleichzeitig)*
Brigitte Nichts, schon gut, mir ist nur der Dosenöffner abgebrochen. *(Streckt ihren Kopf aus der Küchentür)* Kannst du mal eben zu den Kowalevskis hochrennen und fragen, ob sie uns ihren leihen?
Klara Das geht nicht, das ist doch der ausgeliehene vom letzten Jahr.
Brigitte Auch das noch – dann verzichten wir eben auf die Vorsuppe, immerhin haben wir ja einen echten Braten! *(Verschwindet wieder in der Küche)* – Das gibt's doch nicht! *(Man hört, wie Mutter gegen den Herd schlägt.)* So, jetzt wird die Gans nicht fertig!
Hubert *(freudig die Decke aufschlagend)* Die Gans ist fertig?!
Brigitte Nein, das Gas ist weg!
Hubert Hast du etwa wieder nicht –
Klara Doch, die Gasrechnung haben wir bezahlt!
Brigitte Der Ofen spinnt mal wieder …

Hubert Und ich hab mich so auf den Braten gefreut.
Klara Ich auch.
Athanasius Sag mal, Klara, hast du einen Schutzengel oder nicht?
Klara Aber – kennst du dich mit Gasherden aus?
Athanasius Hör mal, Kleines: Wir Engel wissen prinzipiell sowieso alles.

Athanasius nickt ihr verschwörerisch zu und macht sich großspurig auf in Richtung Küche.

Klara Mama? Warte mal –
Brigitte *(in der Küche)* Was denn?
Klara Probier den Herd doch ein Mal noch aus!
Brigitte *(in der Küche)* Meinst du? Na ja, schaden kann's ja nicht –

Wumms! Ein Explosionsknall erschüttert die Wohnung. Die Küchentür fliegt mit Wucht zu und das durch das Wohnzimmer führende Rohr bricht auseinander. Schwarzer Rauch schießt heraus. Klara und Opa sind schreckensstarr. Die Küchentür öffnet sich langsam. Mutter kommt mit einer total verkohlten Gans auf dem verbeulten Backblech heraus –

Brigitte Ihr glaubt nicht, was mir gerade passiert ist …
Klara Mama? } *(gleichzeitig)*
Hubert Gitti!
Brigitte Ich will gerade mit dem Feuerzeug die Gasflamme anzünden, da explodiert der Ofen: Alles verbeult, die Gans total verkohlt und mir ist wie durch ein

Wunder nicht ein einziges Haar verbrannt.
Hubert Du hast die Gans abgefackelt!!!
Klara Mensch, Opa! Mama könnte tot sein …

Langsam taucht Athanasius im Rücken von Brigitte auf und schiebt sich an ihr vorbei. Nicht nur sein ganzes Gesicht, auch die komplette Vorderfront ist kohlrabenschwarz. Er macht eine hilflos entschuldigende Geste in Klaras Richtung. Zum Himmel aufblickend seufzt er:

Athanasius Hoffentlich hat gerade keiner von da oben zugeschaut.

In diesem Moment klingelt es stürmisch an der Wohnungstür. Alle schauen sich erschrocken an und auf das Chaos im Raum, dann zischt Opa:

Hubert Alle Mann: Klar Schiff! – Aufräumen, los, los!
Brigitte *(zur Tür)* Einen Moment!

Blitzschnell werden die verkohlte Weihnachtsgans und der zerbrochene Tisch in die Küche geschmissen. Währenddessen:

Brigitte Klara, geh doch schon mal zur Tür!

Klara eilt zur Tür. Sie drückt gerade die Klinke herunter, da fliegt die Tür schon auf, und Herr Sperber stürzt herein. Geistesgegenwärtig schließt Brigitte die Küchentür und bleibt wie ein Wachtposten davor stehen. Sie bemüht sich, einen möglichst harmlosen Eindruck zu erwecken. Ihr Vermieter bleibt zornesgeladen mitten im Zimmer stehen. Seine Haare und sein dunkler Festtagsanzug sind weiß berieselt und voller Kalk und Putzbrocken.

6. Szene

Sperber War das *hier*?
Alle Was denn?
Sperber Die Explosion!
Alle Ach so …
Klara Sie meinen den Knall –
Brigitte Vielleicht ein Düsenjäger –
Hubert Sie wissen ja, die Schallmauer –
Sperber Die Mauer? Bei mir ist die Decke runtergekommen! Und hat unseren Christbaum total zerstört …

Brigitte und Klara – und auch der Engel – schleichen sich schützend vor die Küchentür.

Klara Besser der Baum platt als Ihre Frau …
Brigitte Oder Ihre Kinder.
Hubert Oder Ihr Hund!
Sperber Sparen Sie sich Ihren Trost – wer wohnt denn über uns!?
Alle *(blicken hoch)* Kowalevskis?
Sperber Nicht über Ihnen – über uns!!!
Alle Ach so … Wir.

Sperber Jetzt reicht's! Ich lass mich doch nicht von Ihnen zum Narren halten!

Sperber schiebt Brigitte und Klara energisch zur Seite und betritt die Küche. In die angstvolle Stille hinein sagt Hubert:

Hubert Großartig! Das wird teuer …
Sperber Sehr teuer!
Klara *(zieht den Engel nach vorne zur Rampe und wispert ihm zu)* Dafür reicht mein Sparschwein bestimmt nicht …

Mittlerweile ist Herr Sperber aus der Küche gewankt und kommt vor Brigitte zum Stehen. In seiner Hand hält er einen Fensterflügel, aus dem das Glas gesprungen ist. Nur einzelne Splitter ragen aus den Ecken.

Sperber *(mit Blick auf Klara)* Da hat Ihre kleine, freche Göre wohl ein bisschen mit dem Gas gespielt? Ein bisschen den Feuerteufel gespielt?

Empört baut sich Brigitte vor ihm auf.

Brigitte Das nehmen Sie sofort zurück, Herr Sperber! Meine Tochter als Feuerteufel zu beschimpfen, das verbitte ich mir aufs Äußerste!
Hubert Recht so, Gitti!
Sperber Über das Finanzielle reden wir nach den Feiertagen. Feiern Sie doch Weihnachten, wie Sie

wollen: Aber Ihren Christbaum, den nehm ich mit.
Als Ersatz für unseren. Schöne Bescherung!

Er rauscht mit dem Weihnachtsbaum ab.

7. Szene

Hubert Das ist – das ist – also da fällt sogar mir nichts mehr ein!
Klara Das darf er einfach nicht machen, und wenn er noch so sehr der Vermieter ist!
Brigitte Ja, das geht wirklich zu weit.
Hubert Und warum hast du dann nichts dagegen unternommen?
Brigitte Wieso immer ich?
Hubert Wer denn sonst?
Klara *(zum Engel)* Und du willst ein Engel sein? *(Laut, verzweifelt)* Dir geht aber auch alles schief!
Brigitte *(bezieht das auf sich)* Mir geht alles schief?! Das geht zu weit!
Klara Aber, Mama –
Hubert Klara hat doch recht.
Brigitte Feiert euer Weihnachten doch alleine!

Und wieder rennt Mutter ihre Tränen mühsam unterdrückend und türeknallend ab aufs Klo.

Hubert *(ruft ihr hinterher)* Wie denn? Ohne Gans und ohne Weihnachtsbaum! *(Etwas ruhiger)* Immerhin hat der Sparbier diesmal den Fernseher dagelassen.

*Opa drückt mit seinem ausziehbaren Gehstock auf
die »An«-Taste: Wir hören den Musikkanal von
vorher. Dann gibt es einen Kurzschluss, offenbar
hat die Explosion auch die Stromleitung beschädigt:
Knall, Rauch, Stille. Plötzlich setzt wieder von
Kowalevskis oben der Knabenchor ein. Klara beginnt
zu schluchzen.*

Hubert Schiet-Weihnachten. Wie immer. Frohes Fest.
(Er zieht sich die Decke über den Kopf.)

8. Szene

*Athanasius kommt zu Klara und setzt sich neben sie
aufs Bett, genauso traurig.*

Athanasius Klara … Sei nicht traurig –
Klara Ich kann machen, was ich will, in unserer Familie geht immer alles schief! Sogar mit meinem Schutzengel wird Weihnachten scheiße …
Athanasius Nein, Klara, da kannst du gar nichts dafür. Ich hab's einfach vergeigt, meine Prüfung komplett vergeigt.
Klara Was denn für eine Prüfung?
Athanasius Meine Schutzengelabschlussprüfung.
Klara Wie? Du bist noch gar kein echter Schutzengel?
Athanasius Ja, leider. Deshalb darf ich auch nicht im Himmlischen Orchester mitspielen.
Klara Davon hast du mir gar nichts erzählt. Ich dachte, es geht dir um mich?

Athanasius Geht es mir ja auch …
Klara Wie viel? *(Sie zeigt mit ihren Händen immer kleiner werdende Abstände)* So viel? So viel? Oder so viel? Du hast mich angelogen: Du bist nicht mein Schutzengel, du wolltest nur deine Prüfung bestehen. Und jetzt haust du wahrscheinlich wieder ab und lässt mich in dem ganzen Mist hier sitzen?
Athanasius *(unternimmt einen letzten Versuch, sie zu versöhnen)* Hör mal, Kleines –
Klara *(ihn laut anfauchend)* Lass mich bloß in Ruhe!
Hubert *(unter der Decke)* Ich sag ja gar nichts!
Klara Ruhe!!! *(Schmeißt sich aufs Bett)*

Athanasius geht bedrückt nach vorne an die Rampe und weiß nicht mehr weiter.

Zweites Zwischenspiel

Die Szene im Hintergrund wird dunkler. Eine himmlische Musik setzt leise ein und mit ihr kommt der Oberengel auf einer Wolke herangeschwebt. Er geht an dem erstaunten Athanasius vorbei in das Wohnzimmer, welches sich in unwirkliches Licht taucht. Aus Klaras Klappbett holt er die vergessene Harfe des Engels und überreicht sie stumm dem überraschten Athanasius. Dann verschwindet er wieder. Athanasius begreift, dass die Harfe eine letzte Chance ist, und beginnt, eine Melodie zu zupfen.

3. Akt

1. Szene

Opa guckt in seinem Sessel unter der Decke hervor, erstaunlicherweise kann er die Engelsmusik hören.

Hubert Klara? Hörst du das auch?
Klara Was denn?
Hubert Diese Musik – wo kommt die nur her?
Klara Wahrscheinlich wieder von Kowalevskis oben.
Hubert *(summt ein paar Takte mit, singt dann)* »… und schaut in die Ferne …« – das erinnert mich an das schönste Weihnachten, das ich je erlebt habe. Und das fing schrecklich an …
Klara Versteh ich nicht.
Hubert Wir lagen seit Wochen bei absoluter Windstille mitten im Meer fest. Sengende Sonne an Bord, unter Deck tropische Hitze, wir am Verdursten. Sagt der Bootsmann: »Jungs, wisst ihr, was heute für ein Tag ist?« – »Ist doch egal«, sagt der Smutje, »zum Sterben ist ein Tag wie der andere!« – Sag ich: »Aber doch nicht an Heiligabend!« Was war das für eine Stimmung: kein Schnee, keine Geschenke, kein Weihnachtsbaum!
Klara Und dann?
Hubert Tja, dann ist dein Großvater auf die grandiose Idee gekommen, einen Reisigbesen auf den Kopf zu stellen.
Klara Auf den Kopf?

Hubert Verkehrt herum eben! Wir haben ihn geschmückt und ich hab mit meinem Schifferklavier die schönsten Weihnachtslieder gespielt …

Schifferklavier Akkordeon

Klara Und haben die anderen dazu gesungen?
Hubert Alle! Dem Käpt'n standen sogar die Tränen in den Augen. Später nahm er mich zur Seite und dann – hat er mir seinen Schatz vermacht. Ein Kästchen mit Seifen –
Klara Seifen …
Hubert Aus jedem Land der Welt eine. Von allen fünf Kontinenten!
Klara Wow …
Hubert Und glaub's mir oder glaub's mir nicht: Noch am selben Abend kam 'ne steife Brise auf und wir wurden gerettet – das war unser Weihnachtswunder.
Klara So 'ne schöne Geschichte hast du uns noch nie erzählt.
Hubert Na ja, ihr habt mich auch nie ausreden lassen.
Klara Warum machen wir das eigentlich nicht?
Hubert Was? Mich ausreden lassen?
Klara Nein, auch so ein Weihnachtswunder feiern!
Hubert Wie denn? Mit 'nem Staubsauger? Hier gibt's ja nicht mal einen Reisigbesen.
Klara Und wenn wir die Palme nehmen?
Hubert Warum nicht … – Aber wir haben keinen Weihnachtsschmuck!
Klara Doch! Wir nehmen einfach meinen Kinderkram!
Hubert Stimmt, die junge Dame ist ja kein Kind mehr.

Klara ist bereits in der Wohnung unterwegs und sucht Sachen zusammen. Modeschmuck, kleine Stofftiere und anderes Spielzeug werden im Folgenden an die Palme drapiert. Dann nimmt Klara Opas Rasierschaum-Dose und sprüht weiße Schaumkugeln auf die Pflanzenblätter. Opa hilft mit, holt am Ende die Galionsfigur von der Wand und setzt sie auf die Spitze der Palme. In diesem Moment rauscht die Klospülung und Brigitte kommt endlich wieder vom Klo. Sie bleibt überrascht stehen.

drapiert kunstvoll angehängt

2. Szene

Hubert Guck mal, Gitti, was sagst du dazu!
Brigitte Ihr seid ja verrückt!
Klara Wieso denn, Mama, das ist unser neuer Weihnachtsbaum –
Brigitte So sieht doch kein Weihnachtsbaum aus!

Sie verschwindet in der Küche.

Klara Mann, ist die wieder spießig drauf –

spießig engstirnig, auf die übliche Form bedacht

Brigitte kommt mit einer Schere, Aluminiumfolie in Streifen schneidend, aus der Küche, hängt die Streifen über den »Baum«.

Brigitte Ein echter Weihnachtsbaum braucht natürlich Lametta. Mit der Alufolie wollte ich eigentlich den Gänsebraten warm halten – aber das ist ja nicht mehr nötig.
Hubert Nee, der Braten ist futsch … aber was Warmes wär schon schön –

Lametta silberner Weihnachtsbaumschmuck

Brigitte Ja, glaubt ihr denn, ich habe den Herd mit Absicht in die Luft gejagt?!
Klara Jedem kann doch mal was danebengehen, Mama. Im Sommer hätt ich auch beinahe das Zeltlager abgefackelt: mit dem Campingkocher – der Campingkocher!

Klara rennt in die Küche, während Hubert ihr hinterherruft:

Hubert Ja, aber was kochen wir?
Klara *(aus der Küche)* Die Dosensuppe!
Brigitte *(ruft)* Die kriegst du ohne Dosenöffner nicht auf.
Klara Doch, Mama: mit dem scharfen Messer!
Hubert Recht so, Klara! – *(zur Mutter)* Habe ich an Bord auch immer so gemacht.
Brigitte Aber dann ist doch das Messer stumpf – ach, was soll's: Es ist Weihnachten!

Klara kommt mit dem Campingkocher, der geöffneten Dose und einer Tischdecke zurück, die sie auf dem Teppich ausbreitet. Während des folgenden Gesprächs holt Klara noch schnell drei Löffel aus der Küche. Sie stellt den Gaskocher auf die Decke und darauf die Dose, dann entzündet sie die Flamme.

Klara Weihnachtspicknick!
Hubert Auf dem Fußboden essen?
Brigitte Warum denn nicht, im Orient machen das alle!
Hubert Stimmt, in Asien auch! Das erinnert mich an eine Geschichte:

*Orient
das Morgenland im Osten, wo die Sonne aufgeht*

Brigitte Hubert, bitte nicht schon wieder dein Seemannsgarn –
Klara Lass Opi doch mal ausreden!
Hubert Danke, Klara. Damals in Hokkaido habe ich nämlich mit dem Tenno – das ist dort der Kaiser! – zu Abend gespeist: alle aus einer Schüssel – sehr gut übrigens – und das Ganze hieß: 33 Glückseligkeiten. Der erste Gang bestand aus –
Klara Opi! } *(gleichzeitig)*
Brigitte Hubert! }
Hubert Na, dann eben nicht –
Klara Erzähl mir deine Geschichte einfach später – Leute, es ist angerichtet! Aber wie isst du jetzt mit uns?
Hubert Wie beim Kaiser auch.

Er kippt mit seinem Sessel nach hinten, zieht mit dem Gehstock den Akkordeonkasten zur Seite, lässt sich wieder nach vorne fallen und rutscht auf diese Weise vom Sessel an die Deckenkante heran.

Hubert Seht ihr – ist gar nicht so unbequem! *(Er greift seinen Löffel, steckt ihn in die Suppendose und kostet.)* Aber das Süppchen braucht noch 'nen Moment.
Klara Spiel uns so lange was vor! Weihnachtslieder, wie damals auf dem Boot!
Brigitte Weihnachtslieder?
Hubert Na ja, es waren … mehr so weihnachtliche Seemannslieder …

Währenddessen hat Klara das Akkordeon aus dem Kasten genommen und hängt es Opa um.

> *Hokkaido*
> Stadt in Japan
> *Tenno*
> der Kaiser von Japan

Klara Ist doch egal! Hauptsache, wir können mitsingen.
Brigitte Ja, wenn du meinst …

*Unsicher beginnt Opa, auf dem Akkordeon zu spielen.
Im Vordergrund begleitet ihn ermunternd der Engel
mit seiner Harfe. Schließlich beginnt Opa, nicht schön,
aber laut und rhythmisch zu singen:*

Hubert Es leuchten die Sterne
und an Bord seines Bootes,
da steht ein Matrose
und schaut in die Ferne.
(Refrain:)
Heimat, wann werd ich dich wiedersehn!
Heimat, ach, wie bist du doch so schön!
Klara *(gibt Opa ein Zeichen, dichtet den Refrain um)*
Christbaum, fall nicht um und bleibe stehn!
Christbaum, ach, wie bist du wunderschön!
Brigitte Es duftet die Suppe
und bei uns auf dem Boden,
da sitzt ein Matrose …
Klara … und schaut in die Dose.
Klara und Hubert
Christbaum, fall nicht um und bleibe stehn!
Christbaum, ach, wie bist du wunderschön!
Hubert Da unten, der Sparbier,
der kann uns nicht stören.
Klara Wir singen hier oben,
das soll er ruhig hören.
Alle Christbaum, fall nicht um und bleibe stehn!
Christbaum, ach, wie bist du wunderschön!

Hubert Und alle singen mit: Einen guten …
Alle   … Appetit!

Alle beginnen, reihum die Suppe zu löffeln.

3. Szene

Während nun alle essen, wird das Licht im Wohnzimmer langsam dunkler und gleichzeitig beim Engel vorne heller. Mit himmlischer Musik schwebt der Oberengel auf seiner Wolke heran. Athanasius weint fast und streckt dem Oberengel freiwillig seine Harfe entgegen.

Oberengel Athanasius!
Athanasius Ich weiß – ich hab's vergeigt …
Oberengel *(nimmt sie erstaunt entgegen)* Warum denn?
Athanasius Weil die ihr schönes Weihnachtsfest ganz allein hingekriegt haben.
Oberengel Und genau darum geht es: Bisher hat Klara immer nur erlebt, dass Weinachten schrecklich war. Erst du hast Klara dazu gebracht, sich vorzustellen, wie ein schönes Weihnachten aussehen könnte. Und dann fing Klara an, selber etwas dafür zu tun.

Das Licht hinten wird für einen Moment um Klara herum heller.

Klara Wisst ihr was, Leute? Weihnachten mit euch ist gar nicht so übel!

Das Licht hinten geht wieder aus.

Oberengel Athanasius, du hast die Prüfung bestanden. Mit Summa Cum Halleluja Eins A!

> *Summa Cum Halleluja Eins A* Wortspiel mit »Summa cum Laude«: mit höchstem Lob

Der Oberengel schnippt in die Hände: Der Chor aller Engel beginnt zu jubilieren. Von oben schwebt ein großes Paar Flügel genau auf Athanasius' Rücken herab.

Athanasius Dann darf ich jetzt im Himmlischen Orchester mitspielen?
Oberengel *(gibt ihm feierlich die Harfe zurück)* Ja.
Athanasius Kyrie-Eleisionär!! Lass uns sofort zurück in den Himmel –
Oberengel Moment, wir haben hier noch eine letzte Aufgabe …

> *Kyrie-Eleisionär* »kyrie eleison«: Herr, erbarme dich; Bittruf in einer Messe

Gleichzeitig wird das Licht vorne bei den Engeln dunkler und hinten im Wohnzimmer wieder hell. Brigitte ist gerade auf dem Weg in ihr Schlafzimmer (hinter der Küche) und dreht sich in der Küchentür noch einmal um.

4. Szene

Brigitte Das mit der Palme war eine wunderbare Idee – danke, ihr zwei. Gute Nacht!
Hubert Nacht, Gitti!
Klara *(geht in die Toilette und macht sich bettfertig)* Gute Nacht, Mama! Nacht, Opi!

Hubert *(wartet, bis die Tür hinter Klara zufällt)* Äh, Gitti?
Brigitte Oh, Berti!

Sie realisiert, dass er ja immer noch auf dem Boden sitzt, und hilft ihm auf den Sessel zurück.

Hubert Ich wollte dir schon längst mal was sagen –
Brigitte *(alarmiert)* Was denn schon wieder, Hubert?
Hubert Ich wollte mich nur bei dir bedanken –
Brigitte Wofür?
Hubert Dass du meine Launen immer ausgehalten hast. *(Fassungslos starrt Brigitte ihn an.)* Und dass du für Klara genau die richtige Mutter bist.
Klara *(den Kopf aus der Tür streckend)* Das hättest du ihr schon längst mal sagen können! *(Klotür fällt wieder zu)*
Brigitte Ja … danke, Hubert … Lasst mal alles stehen, das … das machen wir morgen gemeinsam. Gute Nacht … *(Mutter geht ab.)*

5. Szene

Klara kommt im Nachthemd/Schlafanzug von der Toilette zurück.

Klara Ich glaube, du hast Mama gerade eine große Freude gemacht.
Hubert Ihr mir ja auch. *(Klara will ins Bett. Opa hält sie zurück.)* Willst du mir nicht noch Gute Nacht sagen?

Klara Wer, ich?
Hubert Wer denn sonst?
Klara Gute Nacht, Opi.

Sie geht zu ihm hin und gibt ihm einen zärtlichen Kuss auf die Wange.

Hubert Klara?
Klara Ja?
Hubert Ich hab dich ganz schön lieb.
Klara Ich dich auch. Und danke für das Weihnachtswunder.
Hubert Da hat wohl dein Schutzengel geholfen, was?

Opa lehnt sich in den Sessel zurück und schläft scheinbar ein. Klara schaut ihn verblüfft an und sich dann verstohlen suchend um – aber Athanasius ist nicht mehr da, sondern schaut von der Vorbühne aus zu. Er ist für Klara nicht mehr zu sehen. Klara, im Bett liegend, betet:

Klara Lieber Athanasius! Ich weiß zwar nicht, wo du jetzt bist, aber ich bin froh, dass du mein Schutzengel bist. Und ich hoffe, du hast deine Prüfung bestanden … Amen. *(Sie schläft ein.)*

Es wird dunkel, nur ein Mondstrahl aus dem Fenster beleuchtet noch Opa in seinem Sessel. Nach einer kleinen Weile ist sich Hubert sicher, dass Klara wirklich schläft. Dann steht er zum ersten Mal aus seinem Sessel auf, streift seine Hose und Jacke ab, darunter ist er nun weiß gekleidet wie die Engel. Er nimmt sein Akkordeon und verlässt das Wohnzimmer durch die vierte Wand nach vorne. Langsam geht er zu den beiden Engeln.

6. Szene

Hubert So, ich wär so weit.
Oberengel Hubert Eichner aus der Kesslergasse 20 A?
Hubert Ja. – Von mir aus können wir gehen.
Oberengel Herzlich Willkommen, Hubertus, und gute Reise.

Athanasius, der erst erstaunt von einem zum anderen geblickt hat, begreift endlich, nickt und zieht den Vorhang zu. Dann gehen die beiden los.

Athanasius Übrigens: Wir haben da oben ein wunderbares Orchester –
Hubert Wird da nicht immer nur Halleluja gesungen?
Athanasius Aber nein …

Die beiden verschwinden sich angeregt unterhaltend zwischen den Wolken.

Nachspiel

Der Oberengel nimmt die gleiche Position ein wie ganz zu Beginn des Stückes, hebt den Taktstock und wieder hören wir das Himmlische Orchester die wunderbare Melodie vom Anfang spielen. Dann tauchen Athanasius und Hubert oben über der Szene auf. Athanasius begleitet mit seiner Harfe das Orchester. Begeistert wiegt Hubert sich im Takt der Musik, um dann mit seinem Akkordeon einzufallen und laut und falsch mitzuspielen. Der Dirigent unterbricht entsetzt, das Orchester verstummt, Athanasius und Hubert blicken sich verschmitzt an.

Black Black.

Regieanweisung: Das Bühnenlicht geht aus.

ENDE

Materialien

Biografie

Paul Maar ist nicht nur einer der bekanntesten und erfolgreichsten Kinderbuchautoren im deutschsprachigen Raum, sondern auch der meistgespielte lebende deutsche Theaterautor. Paul Maar wurde 1937 in Schweinfurt geboren und wuchs in Theres (Unterfranken) auf.

Schon als Schüler schrieb und zeichnete Paul Maar, z. B. für die Schülerzeitung. Nach dem Abitur studierte er in Stuttgart Malerei und Kunstgeschichte und nach dem Staatsexamen arbeitete er als Bühnenbildner, Theaterfotograf und als Gymnasiallehrer für das Fach Bildende Kunst. Bereits während seiner Tätigkeit als Lehrer schrieb Paul Maar Hörspiele und Funkerzählungen für Erwachsene. Nach einigen Jahren verließ er die Schule und machte das Schreiben zu seinem Hauptberuf. Da Paul Maar zu Hause für seine eigenen drei Kinder häufig Geschichten erfand, begann er auch als Autor, Bücher und Theaterstücke für Kinder und Jugendliche zu schreiben, die er häufig selbst bebilderte. Zudem entwirft er fortan Bühnenbilder, zeichnet Bildergeschichten für Zeitschriften, verfasst Drehbücher für

Staatsexamen Studienabschluss, z. B. für angehende Lehrer

Kindersendungen, reist im Auftrag des Goethe-Instituts in Sachen Kinderliteratur um die Welt u. v. m. Gemeinsam mit seiner Frau Nele übersetzt er außerdem englische Kinderbücher. Paul Maars Werke sind in mehr als 20 Sprachen (u. a. Chinesisch, Russisch und Finnisch) übertragen und mehrfach ausgezeichnet worden. Einige seiner Bücher (»Lippels Traum«, »Das Sams«, »Herr Bello«) wurden inzwischen auch verfilmt.

Eine Auswahl aus Paul Maars Büchern:
Der tätowierte Hund (1968)
Eine Woche voller Samstage (1973)
Onkel Florians fliegender Flohmarkt (1977)
Am Samstag kam das Sams zurück (1980)
Anne will ein Zwilling werden (1982)
Lippels Traum (1984)
Die Opodeldoks (1985)
Der Tag, an dem Tante Marga verschwand und andere Geschichten (1986)
Türme (1987)
Kartoffelkäferzeiten (1990)
Das kleine Känguruh und seine Freunde (1991)
Neue Punkte für das Sams (1992)
Tina und Timmi kennen sich nicht (1995)
Ein Sams für Martin Taschenbier (1996)
Der gelbe Pulli (1996)
Der Buchstabenfresser (1996)
Die Maus, die hat Geburtstag heut (1997)
Tina und Timmi machen einen Ausflug (1997)
Matti, Momme und die Zauberbohnen (1997)
Das kleine Känguruh und der Angsthase (1997)

Das kleine Känguru in Gefahr (1998)
Das kleine Känguru auf Abenteuer (1999)
Die Eisenbahn-Oma (1999)
In einem tiefen, dunklen Wald (1999)
Robert und Trebor (2000)
Das kleine Känguru lernt fliegen (2001)
Das Sams wird Filmstar (2001)
Tierische Freundschaften (2001)
Jacob und der große Junge (2001)
Sams in Gefahr (2002)
Die Kuh Gloria (2002)
Andere Kinder wohnen auch bei ihren Eltern (2002)
Die vergessene Tür (2002)
Friedlich schlafen kleine Drachen (2003)
Große Schwester, fremder Bruder (2004)
Das Tier-ABC (2004)
Wer ist der Größte? (2004)
Herr Bello und das blaue Wunder (2005)
F.A.U.S.T. (2005)

Christian Schidlowsky
wird am 1.8.1965 geboren.
Er wächst am Niederrhein
auf und gründet 1978 in
Voerde seine erste Theater-
gruppe, die er bis 1984 auch
leitet. Im selben Jahr beginnt sein Studium der
Theaterwissenschaften,
Pädagogik und Neueren
Deutschen Literaturge-
schichte an der Friedrich-Alexander-Universität in Er-
langen-Nürnberg. Parallel dazu nimmt Schidlowsky
Schauspielunterricht, unter anderem bei Michael Rade-
macher vom Schauspielhaus Nürnberg. 1984/85 hospitiert er in der Regie am Landestheater Burghofbühne
Dinslaken, wo er ein Jahr später auch als Regieassistent
arbeitet. Sein Studium schließt Schidlowsky 1993 mit
dem Magister Artium erfolgreich ab.

hospitiert
hört als Gast zu

1986 gründet Christian Schidlowsky das Kinder- und
Jugendtheater »Pfütze« in Nürnberg, führt seitdem dort
Regie und schreibt Theaterstücke. 1991 wird er künstle-
rischer Leiter des Theaters »Pfütze«. 1996 erhält das Theater »Pfütze« den Sonderpreis des deutschen Kultur-
preises. 1997 erreicht Schidlowsky die Eröffnung eines
eigenen Theaterhauses für das Theater »Pfütze« in Nürnberg. Seit 2000 ist Christian Schidlowsky freiberuflich
tätig. Er leitet Regie- und Schauspielseminare im gesam-
ten deutschsprachigen Raum, hält Vorträge und arbeitet
als Autor und Gastregisseur im In- und Ausland. Er ist
verheiratet und hat zwei Kinder.

Arbeitsanregungen

1. Recherchiert in der Bibliothek oder im Internet weitere Angaben zur Lebensgeschichte von Paul Maar und ergänzt Bücher von ihm, die in der Aufstellung auf den Seiten 71 und 72 fehlen.

2. Bildet in eurer Klasse Arbeitsgruppen zu Büchern von Paul Maar. Bereitet in euren Gruppen zu dem von euch gewählten Buch eine kleine Präsentation vor, die eure Mitschülerinnen und Mitschüler neugierig macht auf die Geschichte. Wenn es zu dem Buch auch eine Hörfassung, eine Verfilmung oder eine CD-ROM gibt, dürft ihr diese natürlich mit hinzuziehen.

3. Versuche mithilfe des Internets mehr über das Theater »Pfütze« in Nürnberg herauszufinden. Kennst du ein Theater in deiner Stadt oder in der näheren Umgebung, in dem du ähnliche Theaterstücke anschauen kannst wie in der »Pfütze«? Warst du selbst schon einmal im Theater? Tauscht euch in eurer Klasse über eure Erlebnisse im Theater aus.

Entstehung

Ein Interview mit Paul Maar ──────────── 2005

Das Interview mit Paul Maar führte Petra Schraml im Auftrag von »Lesen in Deutschland«, einer Initiative von Bund und Ländern zur außerschulischen Leseförderung.

Petra Schraml: Wissen Sie noch, warum Sie Kinderbuchautor geworden sind?

Paul Maar: Die Bücher, die ich meinen Kindern damals als Student aus der Stadtbibliothek mitgebracht und vorgelesen habe, gefielen mir alle nicht. Sie waren verstaubt und konventionell und atmeten zum Teil noch den Geist des Dritten Reiches. Deshalb wollte ich selbst ein Buch schreiben, das ich ihnen auch gerne vorlesen würde. So ist »Der tätowierte Hund« entstanden. Das war mein erstes Buch. Ich habe es 1967 geschrieben, 1968 ist das Buch erschienen. Bei der Gelegenheit habe ich gemerkt, dass es mir großen Spaß macht, für Kinder zu schreiben. Auf Lesungen habe ich festgestellt, dass Wortspielereien und das Spiel mit der Sprache, etwas, was ich für sehr literarisch hielt, und von dem ich fast Hemmungen hatte, es den Kindern vorzutragen, bei den Kindern besonders gut ankamen. Ich fühlte mich unter Gleichgesinnten und hatte Lust, weitere Kinderbücher zu schreiben.

Petra Schraml: Woher hatten Sie Ihre Ideen für das Buch?

Paul Maar: Zum Teil waren es natürlich Geschichten, die ich meinen Kindern schon erzählt hatte. Im Laufe des Schreibens haben sich die Ideen verändert, sie sind besser oder anders geworden und haben sich dem ganzen Buch angepasst.

Petra Schraml: Haben Sie die Geschichten, die Sie veröffentlicht haben, zuvor Ihren Kindern vorgelesen?

Paul Maar: Nur zum Teil. Wenn ich schreibe, bin ich sehr empfindlich. Ich lasse niemanden über die Schulter schauen, ich lasse auch keine Kritik zu, wenn das Buch noch nicht fertig ist. Es würde mich sehr hindern, es könnte geradezu eine Schreibblockade hervorrufen, wenn jemand die ersten vier, fünf Seiten liest, sie vielleicht langweilig findet und Änderungsvorschläge macht. Wenn ich jedoch fertig mit dem Manuskript bin und ganz groß ENDE unter der letzten Zeile steht, bin ich sehr begierig auf Kritik und bitte sogar um besonders harte.

Petra Schraml: Haben Sie als Kind auch selber gerne gelesen?

Paul Maar: Also, ich habe schon sehr gerne gelesen, aber ich entstamme einem Elternhaus, in dem das Lesen nicht gerne gesehen wurde. Meine Mutter ist sehr früh gestorben, da war ich gerade drei Monate alt und mein Vater hielt das Lesen für absolute Zeitverschwendung. Wenn er mich an einem normalen Werktag mit einem Buch gesehen hätte, dann hätte er bestimmt gesagt, »ach ich sehe, du hast nichts zu tun, hier ist der Besen«. Ich musste das Lesen gegen meinen lesefeindlichen Vater durchsetzen und habe das zum Teil so gemacht, dass ich mir Bücher aus der Bibliothek geliehen und sie mit zu meinem Freund genommen habe. Wenn dieser mit seinem Bruder draußen Fußball spielte, saß ich bei ihm im Zimmer und las meine Bücher, weil ich zu Hause nicht lesen durfte. […]

Petra Schraml: Schreiben Sie […] auch […] Bücher, die die Vereinzelung der Kinder berücksichtigen?

Paul Maar: Ja, ich habe das Buch »Große Schwester, fremder Bruder« geschrieben. Es besteht aus zwölf einzelnen Geschichten, die heutige Kinder und ihre Probleme darstellen. Jedes Kapitel wirft den Fokus gewissermaßen auf ein bestimmtes Kind. Alle Kinder kennen sich untereinander, gehen in eine Klasse oder wohnen in einer Stadt. Ein Kind, das in der ersten Geschichte die Hauptrolle spielt, taucht in der vierten und in der siebten Geschichte wieder am Rande auf. Vieles, was in der zweiten Geschichte nicht erklärt wird, findet seine Erklärung in der neunten Geschichte. Es ist gleichzeitig ein Kinderroman in Form von einzelnen Geschichten.

Fokus
Zentrum der Aufmerksamkeit

Petra Schraml: Gibt es ein Buch, dass Sie gerne noch schreiben möchten?

Paul Maar: Es gibt viele und zum Teil arbeite ich auch schon daran. In diesem Jahr wird es drei Uraufführungen von Theaterstücken von mir geben. Für »Klaras Engel« sind schon 16 Vorstellungen verkauft, aber ich habe noch keine Zeile geschrieben. Dann schreibe ich ein Erzähltheater für eine einzelne Schauspielerin, eine Mischung aus Erzählen und Spielen, und ein Musical, welches am 15. November in Esslingen uraufgeführt wird. Da stehen aber Gott sei Dank der Text und die Musik schon.

Ein Interview mit der Schauspielerin Katrin Griesser ——————————————————— 2007

Die Schauspielerin Katrin Griesser spielte in dem Theaterstück »Klaras Engel« die Rolle der Klara Eichner. In einem Telefoninterview gab sie Auskunft über interessante Hintergründe der Entstehung des Stückes.

Frau Griesser, wissen Sie noch, wann Sie das erste Mal von »Klaras Engel« gehört haben?

Ich habe relativ früh davon gehört, denn ich kenne den Regisseur, Christian Schidlowsky. Ich habe ihn schon knapp ein Jahr vor dem Beginn der Proben in Nürnberg getroffen und er hat mir von einem Projekt erzählt, das er zusammen mit Paul Maar plant. Damals hat er schon angedeutet, dass es schön wäre, wenn wir zusammenarbeiten könnten. Und ungefähr ein Dreivierteljahr vor Probenbeginn habe ich dann die konkrete Anfrage bekommen, ob ich mitmachen möchte.

Was für uns als Schauspieler besonders schön war, war die Tatsache, dass wir bei der Entstehung des Stückes ein bisschen mehr beteiligt waren, als das sonst üblich ist, weil wir gemeinsam mit den beiden Autoren, von denen der eine auch noch Regie geführt hat, das Projekt zur Uraufführung gebracht haben.

Paul Maar war teilweise bei den Proben dabei und es gab einen schönen Austausch zwischen uns Schauspielern und den Autoren, weil man sofort sehen konnte, wie sie auf unsere Darstellung reagieren.

Ist dann während dieses Austausches auch der Text des Stückes laufend verändert und umgeschrieben worden?

Nein, der Text stand eigentlich fest. Natürlich gab es kleine Änderungen, die nach Rücksprache mit Paul Maar vorgenommen wurden, wenn wir merkten, dass etwas auf der Bühne nicht wie geplant funktioniert. Aber das waren Ausnahmen.

Manchen Regisseuren ist es ja nicht so wichtig, ob da jetzt ein »weil« oder ein »denn« im Textbuch steht. Christian Schidlowsky ist in diesem Punkt jedoch sehr genau, weil er eben nicht nur als Regisseur, sondern auch als Autor denkt und der bei jedem Wort des Stückes genau weiß, warum es dort stehen muss, und der dir das auch erklären kann, wenn du ihn danach fragst.

Auf welchen Bühnen war »Klaras Engel« dann zu sehen?

Das Stück war eine Koproduktion des Stadttheaters Fürth und des Fränkischen Schlosstheaters Maßbach. Wir haben in Maßbach geprobt, in Fürth die Endprobenwoche gehabt und auch die Premiere. Und dann gab es auch eine kleine Tour durch Bayern. Wir waren in Schweinfurt, in Aschaffenburg und in Neuburg an der Donau. Wir sind damals im Winter zwei Wochen herumgefahren, unsere Techniker mit dem Bühnenbild und den Requisiten voraus und wir in einem kleinen Bus hinterher. Das war eine sehr schöne Zeit.

Paul Maar, der »Vater vom Sams«, ist ein sehr bekannter Autor, ein echter Star der Literaturszene. Wie ist er denn als Mensch? Ist er normal geblieben?

Koproduktion Zusammenarbeit

Requisiten Gegenstände, die man für eine Theateraufführung braucht

Entstehung | **79**

Dazu kann ich vielleicht eine kleine Geschichte erzählen, die gleichzeitig auch etwas mit der Entstehung des Stückes zu tun hat. Christian Schidlowsky und Paul Maar haben sich nämlich irgendwann zwei Wochen zurückgezogen, um im Landhaus von Paul Maar das Stück zu schreiben. Und als der Text dann fertig war, lud Paul Maar alle an der Produktion Beteiligten zu sich nach Hause ein und er hat uns dann gemeinsam mit Christian Schidlowsky in seinem Wohnzimmer »Klaras Engel« vorgelesen. Das war ganz entzückend, weil der Paul Maar selbst ein so bescheidener, lieber und normaler Mensch ist. Er ist wirklich sehr bodenständig und warmherzig und man kann sehr gut mit ihm reden.

Arbeitsanregungen

1. In dem Interview (S. 75–77) erzählt Paul Maar, wie er zum Schreiben von Kinderbüchern gekommen ist und dass er selbst gern gelesen hat. Wie sieht es mit deiner Leselust aus? Bildet einen Stuhlkreis und erzählt euch, wie oft ihr lest und was euer Lieblingsbuch ist.

2. Paul Maar wird von der Interviewerin gefragt, ob er auch Stücke über die Vereinzelung von Kindern schreibe. Diskutiert in eurer Klasse, ob und inwiefern es auch in dem Theaterstück »Klaras Engel« um die Vereinzelung von Kindern geht.

3. Verfasse einen Brief an Paul Maar und/oder Christian Schidlowsky, in dem du den beiden (oder einem von ihnen) schreibst und begründest, wie dir das Buch »Klaras Engel« gefallen hat.

4. Katrin Griesser berichtet, dass Christian Schidlowsky nicht nur als Regisseur, sondern auch als Autor über das Stück nachdenkt. Versucht zu erklären, was damit genau gemeint ist. Worin könnte sich die Denkweise eines Regisseurs von der Denkweise eines Autors unterscheiden?

Verstehen und Deuten

Die Form eines Theaterstücks

Volker Frederking
»Klaras Engel« – ein Theaterstück ──────── 2007

Paul Maar und Christian Schidlowsky haben über die Erlebnisse von Klara keine Erzählung oder einen Roman verfasst, sondern ein Theaterstück. Damit haben sie sich für eine bestimmte literarische Form entschieden. Schauen wir uns diese einmal genau an:

Es gibt drei literarische Grundformen – in der Fachsprache heißen sie »Gattungen«:
1. Gedichte (auch »lyrische Texte« genannt),
2. Geschichten (z. B. Erzählungen, Romane, Kurzgeschichten, Fabeln; auch »epische Texte« genannt),
3. Theaterstücke (auch »dramatische Texte« genannt).

Jede literarische Grundform hat ihre besonderen Merkmale. Ein Theaterstück beispielsweise besteht fast ausschließlich aus Dialogen, d. h. aus Gesprächen zwischen einzelnen Figuren des Stückes in wörtlicher Rede. Dadurch erfährst du ganz unmittelbar etwas über die Personen, die in einer Szene auftreten. Allerdings verrät uns ein Theaterstück meistens relativ wenig über die tieferen Gefühle und Gedanken der auftretenden Personen. Die Akteure sprechen und handeln, ihre Innensicht bleibt dir hingegen weitestgehend verschlossen. Dies ist in einer

Erzählung oder in einem Roman ganz anders. Der Erzähler schildert hier ausführlich Empfindungen und Gedanken einer Hauptperson, innere Monologe geben dir einen detaillierten Einblick in die Innenwelt einer Figur.

Der größte Unterschied des Theaterstücks gegenüber den anderen beiden literarischen Grundformen besteht aber darin, dass es nicht nur zum *Lesen*, sondern vor allem zum *Vorspielen* gedacht ist. Deshalb finden sich in Theatertexten auch gewisse Hinweise, die den Schauspielern, die das Stück später aufführen, helfen, die Figuren darzustellen, z. B.

– Regieanweisungen,
– kurze Hinweise über das Aussehen und Verhalten der Figuren,
– Aufzählung von Requisiten,
– Hinweise auf musikalische Einlagen und Gesang.

Da später alles nur auf einer einzigen Bühne dargestellt werden kann, muss ein Text für das Theater so geschrieben sein, dass sofort erkennbar ist, wo die Handlung gerade spielt und ob etwas »wirklich« passiert oder z. B. nur von einer der Figuren geträumt wird.

Das Theaterstück, das Paul Maar und Christian Schidlowsky über Klara verfasst haben, weist aber noch eine andere Besonderheit auf: Es ist für Kinder geschrieben und wird von speziellen Theatergruppen für Kinder einstudiert und aufgeführt. Auf der Seite 84 findest du einige Informationen über das Kindertheater.

Brockhaus
Kinder- und Jugendtheater _____ 2004

Kinder- und Jugendtheater, Sammelbezeichnung für alle Formen der Bühnenkunst, bei der Text und Musik sowie mimisch-gestisches Geschehen unter Kindern, von Erwachsenen für Kinder oder mit Kindern zu spontanen oder geprobten Aufführungen gelangen. Je nach Thematik und Aufführungsstil sind unterschiedliche Stücktypen bekannt: das *Aufklärungstheater* will Einsicht in gesellschaftliche Verhältnisse vermitteln und zur politischen Kritik anregen; das *Aufregungstheater* vermittelt besonders Spaß und Bewegung; das *Bildtheater* schafft Identifikations- und Projektionsmöglichkeiten v. a. in szenischen Bildern; im *Titeltheater* werden meist weit verbreitete Märchen, Kinder- oder Jugendbücher dramatisiert.

Paul Maar
Lesen und Hören _____ 2005

Petra Schraml: Haben Sie eine Idee, wie man Kinder und Jugendliche, die nicht gerne lesen, außerhalb von Schule und Elternhaus für das Lesen gewinnen kann?

Paul Maar: Ich glaube nicht, dass heute weniger Kinder lesen. Ich glaube, es ist vielmehr so, dass es immer schon Lesekinder gab, die viel gelesen haben, und welche, die wenig lesen. Auch in den 70er-Jahren gab es Kinder aus bildungsfernem Milieu, die nicht gelesen haben, weil

Milieu Umfeld, Umwelt

auch die Eltern nicht lasen und es zu Hause sowieso kein Buch gab, und andere, die viel gelesen haben. Ich denke nur, das Bewusstsein für die Kinder, die nicht lesen, ist durch die PISA-Studie geschärft worden. Ich habe im Gegenteil das Gefühl, dass die Lesekinder heute mehr lesen als jemals zuvor. Viele Kinder erzählen mir, dass sie drei, vier Bücher in der Woche lesen. Auch meine Lesungen werden heute von etwa 500 bis 1000 Kindern besucht, in den 70er-Jahren waren es zwischen 30 und 40.

PISA-Studie
→ Seite 144

Etwas schwieriger ist es mit den 15-, 16-jährigen Jugendlichen. Sie genießen das Leben an sich und wollen es nicht durch Bücher kennenlernen. Aber ich habe auch bei ihnen die Erfahrung gemacht, dass sie lesen, wenn man sie auf etwas hinweist, was für sie interessant ist. Meine Frau empfahl kürzlich dem Vater eines 16-jährigen Sohnes, der nicht mehr gerne liest, das Buch »Das Schwert in der Stille« von Lian Hearn. Der Sohn hat das Buch nicht nur gelesen, sondern sich auch von seinem eigenen Taschengeld die Fortsetzung gekauft. Und man sieht es ja auch bei Harry Potter. Da sind die Kinder bereit, ein 1000-seitiges Buch zu lesen. Also ich glaube, wenn man Kindern und auch Jugendlichen die richtige Lektüre vorsetzt, dann lesen sie auch.

Petra Schraml: Wie können Eltern ihre Kinder motivieren, mehr zu lesen?

Paul Maar: Ich denke, Eltern sollten ihren Kindern vor allen Dingen Geschichten erzählen. Die meisten Eltern schaffen es, selbst erfundene Geschichten frei zu erzählen, zum Beispiel, wie es war, als sie selber noch

motivieren
dazu bewegen, etwas zu tun

Verstehen und Deuten | **85**

Nonsensgeschichten Unsinnsgeschichten

Kind waren. Kinder finden solche Geschichten ungeheuer spannend. Oder man erfindet Nonsensgeschichten. Ein Kind freut sich furchtbar, wenn sich ein Schwein eine Schürze umbindet und einen Pflaumenkuchen backt.

Ein Kind muss erst einmal begreifen, was eine Geschichte ist. Eine Geschichte hat einen Anfang, einen Höhepunkt und einen Abschluss. Man kann eine Geschichte nicht mittendrin aufhören. Und wenn sich im Kind ein Begriff dafür gebildet hat, was eine Geschichte ist, dann hat es auch den Wunsch, Geschichten zu hören, und wenn es keine mehr hört, welche zu lesen. Das, glaube ich, ist der erste Schritt, um die Kinder zum Lesen zu bringen, ihnen schon sehr früh Geschichten zu erzählen.

Petra Schraml: Könnten Hörspiele ein Ersatz für das Lesen sein?

Paul Maar: Durchaus, das Kind muss eine ähnliche Fantasiearbeit leisten, wie wenn es ein Buch liest. Es hört einen Text und die Bilder dazu bauen sich in seinem Kopf auf. Natürlich ist es sehr viel schöner, wenn ein Erwachsener einem Kind eine Geschichte vorliest. Es entsteht Blickkontakt zwischen dem Kind und dem Erwachsenen, der Erwachsene kann auf das Kind reagieren und seine Fragen beantworten. Ich würde das Vorlesen Hörbüchern vorziehen. Aber ich finde es besser, eine Geschichte zu hören, als sie im Fernsehen zu sehen, denn dort ist man der Fantasie des Regisseurs ausgesetzt.

Arbeitsanregungen

1. Um das Besondere eines Theaterstückes zu spüren, mache das folgende kleine Experiment:
   a) Lies eine Szene leise.
   b) Lies dieselbe Szene laut.
   c) Lies dieselbe Szene laut mit einem Partner in verteilten Rollen.
   Welche Unterschiede stellst du in der Wirkung fest?

2. In dem Artikelauszug aus dem Brockhaus werden verschiedene Typen von Kinder- und Jugendtheaterstücken unterschieden. Welche trifft bzw. welche treffen deiner Meinung nach am ehesten auf »Klaras Engel« zu? Oder hättest du einen Vorschlag für einen speziell für das Theaterstück von Paul Maar passenden Typen-Namen?

3. Ein Theaterstück ist eigentlich nicht nur zum Lesen bestimmt, sondern zum Spielen. Bildet innerhalb eurer Klasse Gruppen zu von euch ausgewählten Szenen und übt eine szenische Umsetzung ein, die ihr euch später gegenseitig in der Klasse vorstellt.

4. Schreibe eine Szene deiner Wahl aus »Klaras Engel« zu einem Kapitel einer Geschichte um. Achte dabei besonders auf die Darstellung von Gedanken und Gefühlen der Personen, die du schilderst.

Figuren

Eine Rollenbiografie entwickeln

Beim Lesen des Stückes »Klaras Engel« hast du einzelne Figuren kennengelernt, die die Autoren auf unterschiedliche Weise beschrieben und charakterisiert haben. Du hast dabei etwas über das Aussehen, Verhalten und über besondere Merkmale der Figuren erfahren, sodass du dir von ihnen ein Bild machen kannst. Je nachdem, welche Bedeutungen die Figuren in einem Stück haben und welche Absichten die Autoren mit ihnen verfolgen, können sie dir weitere Informationen zum Alter und zur Kleidung, zur Gestik und Mimik der Personen geben. Vielleicht schreiben die Autoren aber auch etwas dazu, wie die jeweiligen Figuren sprechen, denken und empfinden, wovor sie sich fürchten und was sie sich erhoffen. Manchmal charakterisiert ein Verfasser aber auch die Figuren direkt und sagt z. B., ob sie freundlich oder unfreundlich, gutmütig oder bösartig sind.

Eine gute Möglichkeit, eine angemessene Vorstellung von einer Figur zu entwickeln, liegt darin, sich in sie hineinzuversetzen, ihre Rolle zu spielen und dann einen Text über sie zu verfassen. Die Beantwortung der folgenden Fragen kann dir beim Schreiben des Textes helfen.

Wie heißt du?
Wie alt bist du?
Wie siehst du aus?
Wo und wie lebst du zurzeit?
Wie hast du früher gelebt?

Welche Schule besuchst du?
Wie sieht dein Schultag aus?
Welche Fächer magst du am liebsten?
Wie findest du die Schule?
Was bist du von Beruf?
Was bedeutet er für dich?
Wie sieht dein Arbeitstag aus?
Welche Einstellungen hast du zur Arbeit?
Welche Tätigkeiten und welche Beziehungen sind dir besonders wichtig?
Wie ist deine materielle Situation?
Wie gestaltest du deine Freizeit?
Wo liegen deine Hobbys und Interessen?
Was bedeuten für dich Freunde/Freundinnen?
Mit wem lebst du zusammen?
Welche Beziehung hast du zu deinen Eltern?
Was magst du an deinen Mitmenschen, was stört dich an ihnen?
Wie siehst du dich selbst?
Wo liegen deine Stärken, wo deine Schwächen?
Wie möchtest du gern von anderen gesehen werden?
Welche Probleme beschäftigen dich momentan?
Welche Wünsche hast du?
Was beunruhigt dich?
An welchen Prinzipien und Werten orientierst du dein Verhalten?
Wie stellst du dir deine Zukunft vor?

Du könntest etwa, wenn du die Rolle von Klara übernehmen möchtest, mit folgendem Satz beginnen: »Ich heiße Klara und bin 13 Jahre alt ...«

Axel Krommer
Die Sprache der Figuren 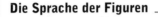 2007

Wenn man einen Text ganz genau untersucht, dann nimmt man nicht nur seinen Inhalt (»Was wird erzählt?«), sondern auch seine Form (»Wie wird erzählt?«) möglichst gründlich unter die Lupe. Das ist auch deshalb spannend und interessant, weil man ein und denselben Inhalt sprachlich in ganz unterschiedlicher Art und Weise »verpacken« kann. Gleich im Vorspiel zu »Klaras Engel« legen Paul Maar und Christian Schidlowsky dem Engel Athanasius zum Beispiel das Wort »gloriös« (S. 12, Z. 5) in den Mund. Das Besondere an diesem Ausdruck ist nicht sein Inhalt, denn er meint ungefähr dasselbe wie »toll« oder »großartig«. Das Besondere an »gloriös« ist vielmehr die Art und Weise, wie dieser Inhalt ausgedrückt wird. Denn »gloriös« ist eine Wortneuschöpfung, die sich vom lateinischen »gloria« ableiten lässt. »Gloria« bedeutet »Ruhm« oder »Ehre« und das Wort spielt eine große Rolle in der Bibel und auch in der katholischen Messe (»Gloria in excelsis deo«). Um auszudrücken, dass einem Engel etwas großartig gefällt, erfinden Maar und Schidlowsky also ein neues Wort, beim dem man automatisch an Religion, Gott und vielleicht sogar Engel denkt und das daher viel besser zu Athanasius passt als ein schlichtes (und menschliches) »toll«. Bereits an diesem kleinen Beispiel lässt sich ablesen, dass die sprachliche Form eines Textes, d. h. die Art und Weise, wie man einen bestimmten Inhalt ausdrückt, sehr wichtig ist und ganz besondere Aufmerksamkeit verdient.

»Gloria in excelsis deo«
→ Seite 144

Arbeitsanregungen

1. Du findest ganz am Anfang des Theaterstücks eine kurze Beschreibung der Figuren (vgl. S. 9f.). Wie müssten diese Beschreibungen am Ende des Stückes aussehen? Wie würdest du insbesondere Athanasius und Klara beschreiben?

2. Neben »gloriös« haben Maar und Schidlowsky noch weitere neue Wörter erfunden, die sich besonders gut in die Sprache der Engel einfügen. Finde sie und erkläre, woher diese Begriffe kommen und wieso sie so gut zu Athanasius und seinen Freunden passen.

3. Klaras Opa Hubert spricht häufig so, als befände er sich noch an Bord eines schaukelnden Schiffes auf hoher See. Sammelt zunächst möglichst viele Textstellen, mit denen man Huberts Seemannssprache belegen kann. Versuche zu (er)klären, warum Maar und Schidlowsky Opa Hubert ausgerechnet in dieser Art und Weise sprechen lassen.

4. Stelle dir vor, Hubert wäre früher nicht Seemann, sondern z. B. Fußballer oder Lehrer gewesen. Wie würde er dann wohl sprechen? »Übersetze« einige Textstellen in eine neue »Berufssprache«.

Verstehen und Deuten

M Engel

Luigi Mussini:
La musica sacra (1841)

Raffael: Die Sixtinische Madonna (1512/13) (Ausschnitt)

Engel in der Bibel

Die Rückkehr aus Ägypten
19 Als aber Herodes gestorben war, siehe, da erschien der Engel des Herrn dem Josef im Traum in Ägypten **20** und sprach: Steh auf, nimm das Kindlein und seine Mutter mit dir und zieh hin in das Land Israel; sie sind gestorben, die dem Kindlein nach dem Leben getrachtet haben.

21 Da stand er auf und nahm das Kindlein und seine Mutter mit sich und kam in das Land Israel. **22** Als er aber hörte, dass Archelaus in Judäa König war anstatt seines Vaters Herodes, fürchtete er sich, dorthin zu gehen. Und im Traum empfing er Befehl von Gott und zog ins galiläische Land **23** und kam und wohnte in einer Stadt mit Namen Nazareth, damit erfüllt würde, was gesagt ist durch die Propheten: Er soll Nazoräer heißen.

(Mt 2,19–23)

Die Ankündigung der Geburt Jesu
26 Und im sechsten Monat wurde der Engel Gabriel von Gott gesandt in eine Stadt in Galiläa, die heißt Nazareth, **27** zu einer Jungfrau, die vertraut war einem Mann mit Namen Josef vom Hause David; und die Jungfrau hieß Maria. **28** Und der Engel kam zu ihr hinein und sprach: Sei gegrüßt, du Begnadete! Der Herr ist mit dir! **29** Sie aber erschrak über die Rede und dachte: Welch ein Gruß ist das? **30** Und der Engel sprach zu ihr: Fürchte dich nicht, Maria, du hast Gnade bei Gott gefunden. **31** Siehe, du wirst schwanger werden und einen Sohn gebären, und du sollst ihm den Namen Jesus geben. **32** Der wird groß

sein und Sohn des Höchsten genannt werden; und Gott der Herr wird ihm den Thron seines Vaters David geben, **33** und er wird König sein über das Haus Jakob in Ewigkeit, und sein Reich wird kein Ende haben.

34 Da sprach Maria zu dem Engel: Wie soll das zugehen, da ich doch von keinem Mann weiß? **35** Der Engel antwortete und sprach zu ihr: Der Heilige Geist wird über dich kommen, und die Kraft des Höchsten wird dich überschatten; darum wird auch das Heilige, das geboren wird, Gottes Sohn genannt werden. **36** Und siehe, Elisabeth, deine Verwandte, ist auch schwanger mit einem Sohn, in ihrem Alter, und ist jetzt im sechsten Monat, von der man sagt, dass sie unfruchtbar sei. **37** Denn bei Gott ist kein Ding unmöglich. **38** Maria aber sprach: Siehe, ich bin des Herrn Magd; mir geschehe, wie du gesagt hast. Und der Engel schied von ihr.

(Lk 1,26–38)

Jesu Auferstehung
1 Als aber der Sabbat vorüber war und der erste Tag der Woche anbrach, kamen Maria von Magdala und die andere Maria, um nach dem Grab zu sehen. **2** Und siehe, es geschah ein großes Erdbeben. Denn der Engel des Herrn kam vom Himmel herab, trat hinzu und wälzte den Stein weg und setzte sich darauf. **3** Seine Gestalt war wie der Blitz und sein Gewand weiß wie der Schnee. **4** Die Wachen aber erschraken aus Furcht vor ihm und wurden, als wären sie tot.

5 Aber der Engel sprach zu den Frauen: Fürchtet euch nicht! Ich weiß, dass ihr Jesus, den Gekreuzigten, sucht.

6 Er ist nicht hier; er ist auferstanden, wie er gesagt hat. Kommt her und seht die Stätte, wo er gelegen hat; **7** und geht eilends hin und sagt seinen Jüngern, dass er auferstanden ist von den Toten. Und siehe, er wird vor euch hingehen nach Galiläa; dort werdet ihr ihn sehen. Siehe, ich habe es euch gesagt. **8** Und sie gingen eilends weg vom Grab mit Furcht und großer Freude und liefen, um es seinen Jüngern zu verkündigen.

9 Und siehe, da begegnete ihnen Jesus und sprach: Seid gegrüßt! Und sie traten zu ihm und umfassten seine Füße und fielen vor ihm nieder. **10** Da sprach Jesus zu ihnen: Fürchtet euch nicht! Geht hin und verkündigt es meinen Brüdern, dass sie nach Galiläa gehen: Dort werden sie mich sehen.

11 Als sie aber hingingen, siehe, da kamen einige von der Wache in die Stadt und verkündeten den Hohenpriestern alles, was geschehen war. **12** Und sie kamen mit den Ältesten zusammen, hielten Rat und gaben den Soldaten viel Geld **13** und sprachen: Sagt, seine Jünger sind in der Nacht gekommen und haben ihn gestohlen, während wir schliefen. **14** Und wenn es dem Statthalter zu Ohren kommt, wollen wir ihn beschwichtigen und dafür sorgen, dass ihr sicher seid. **15** Sie nahmen das Geld und taten, wie sie angewiesen waren. Und so ist dies zum Gerede geworden bei den Juden bis auf den heutigen Tag.

(Mt 28,1–15)

Hildegard von Bingen
Engel und Menschen — um 1170

Und wie Gott von den Engeln gelobt wird und in diesem Lobpreis Seine Schöpfung anerkannt wird, da sie mit Zithern und im Wohlklang und mit allen Stimmen Sein Lob ertönen lässt, weil dies ihr Amt ist, so soll Gott auch von den Menschen gepriesen werden.

Helmuth von Glasenapp
Engel im Christentum, im Judentum und im Islam — 1963

Engel im Christentum
Gott schuf mit Verstand und Willen begabte persönliche geistige Wesenheiten, die unkörperlich und deshalb gewöhnlich unsichtbar sind, aber einen sichtbaren Leib zu bestimmten Zwecken annehmen können. Diese Wesenheiten, die als dienende Geister den Willen Gottes vollstrecken, werden Engel (vom griech. Angelos »Bote«) genannt. Sie besaßen von dem Moment an, an welchem Gott sie (vor der materiellen Welt) schuf, eine natürliche Seligkeit, die namentlich in der vollkommenen Erkenntnis Gottes bestand. Um sie jedoch einer übernatürlichen Seligkeit teilhaftig werden zu lassen, unterwarf Gott sie einer Prüfung und belohnte die tauglich befundenen mit seiner heiligmachenden Gnade, aufgrund deren ihnen die übernatürliche, in der klaren Anschauung Gottes bestehende Seligkeit (Matth. 18,10) zuteilwurde.

Die Engel zerfallen nach Eph. 1,21 und 3,10; Kol. 1,16 in neun Chöre. Die unterste Gruppe (Hierarchie) von diesen sind die Engel, Erzengel und Tugenden (virtutes); sie führen unmittelbar die Befehle Gottes bei den Geschöpfen aus. Die zweite Gruppe umfasst die Herrschaften (dominationes), Fürstentümer (principatus) und Gewalten (potestates), die vorzüglich an der Schöpfung beteiligt sind, die höchste Hierarchie sind die Throne, Seraphim und Cherubim, die ihren Namen davon haben, dass sie an Gottes Thron stehen, in Liebe zu ihm erglühen und sein Antlitz schauen.

[...] Die Engel werden von Gott ausgesandt, »zum Dienste um derer willen, die ererben sollen die Seligkeit« (Hebr. 1,14). Sie betätigen sich zum Wohle der Menschen, indem sie deren Gebete vor Gottes Thron tragen (Offenbarung 8,3,4; Tobias 12,12), diesen Menschen behilflich sind, das Heil zu erlangen, wie dem Hauptmann Cornelius (Apostelgesch. 10), und sie auf allen ihren Wegen behüten (91. Psalm 11 ff.). Nach Matth. 18,10 haben die Kinder ihre Schutzengel im Himmel; in entsprechender Weise soll auch jeder Mensch seinen Schutzengel haben, ja, sogar die einzelnen Völker haben nach Dan. 10 ihre überirdischen Protektoren. Die Erzengel sind:

Protektoren Beschützer

Michael (»Wer ist Gott?«); er repräsentiert die Allmacht und Gerechtigkeit Gottes, hält deshalb das Schwert und die Waage des Jüngsten Gerichtes. Er galt als Schutzpatron der Juden (Dan. 10,13,21 und 12,1), später der Deutschen (deutscher Michel).

Raphael (»Der Herr mein Arzt«), der Schutzengel der Unschuld (daher Begleiter des Tobias und mit Reisestab und Kürbisflasche dargestellt).

Gabriel, der Engel der Verkündigung, der das erste Ave-Maria sprach (Luk. 1,26), meist in priesterlichem Gewande mit Lilie dargestellt.

Mitunter wird diesen dreien noch als vierter *Uriel* hinzugefügt, der Christi Grab bewacht hatte.

Ein Teil der Engel bestand die erwähnte Prüfung nicht, in Stolz verblendet, fielen sie von Gott ab und wurden deshalb von ihm »mit Ketten zur Finsternis der Hölle verstoßen und übergeben, dass sie zum Gericht behalten werden« (2. Petrus 2,4; vgl. Judas 6).

Engel im Judentum

Wenn auch Jahve nach der Vorstellung der Propheten der einzig wahre Gott ist, so ist er darum doch nicht das einzige überirdische Wesen. Wie ein König seine Boten hat, so hat er seine Engel. Die Vorstellung, dass Gott durch seine Engel seine Wunder ausführen lässt oder dass diese ihn geradezu vertreten, indem sie statt seiner an einem bestimmten Orte erscheinen, ist an sich alt. In der unter persischem Einfluss entstandenen nachexilischen Literatur spielt das Engelwesen eine sehr bedeutsame Rolle.

nachexilischen Literatur
→ Seite 144

Zu den Engeln gehört auch der Satan. Entsprechend der auch aus babylonischen Texten bekannten Vorstellung scheint er ursprünglich nur die Funktion gehabt zu haben, die verborgenen Sünden der Menschen zu ermitteln oder Gott anzuzeigen sowie die Menschen auf ihre moralischen Qualitäten hin zu prüfen. Unter den Einwirkungen der Lehre des persischen Dualismus hat das nachexilische Judentum die Vorstellungen vom Satan so ausgebildet, dass er schließlich im Neuen Testament als Fürst dieser Welt und als der Urheber alles Bösen erscheint. Durch seine zahlreichen Engel, d. h. Unterteufel, wirkt der Satan überall Unheil, vor allem machen die bösen Geister die Menschen krank und besessen; an vielen Stellen der Evangelien wird davon berichtet, dass Christus die Dämonen austrieb.

Engel im Islam

Die Lebewesen zerfallen in verschiedene Kategorien. Die vollkommensten von ihnen sind die Engel, von Gott aus dem Licht geschaffene, geschlechtslose Geisterwesen, die nicht essen und trinken. Sie zerfallen in mehrere Klassen und haben mannigfache Funktionen zu erfüllen. Die bedeutendsten von ihnen sind: Gabriel, der dem Propheten in 23 Jahren den Koran mitteilte, Mîka'il (Michael), der Spender von Regen und Nahrung, Isrâfîl (Raphael), der die Posaune des Jüngsten Gerichts blasen wird, 'Azrâ'îl, der Engel des Todes. Der Höllenwächter heißt Mâlik, der Pförtner des Paradieses Ridwân. Munkar und Nakîr prüfen die Verstorbenen auf ihren Glauben und ihre Werke. Zwei Engel, Hârût und Mârût, hatten sich in irdische Mädchen verliebt und wurden zur Strafe an den Füßen in einer Grube bei Babylon aufgehängt. Dort lehrten sie die Menschen Zauberkünste (Q 2,96). Auch der Satan (Shaitân) oder Diabolos (Iblîs) war ursprünglich ein Engel. Er wurde aus dem Paradiese verstoßen, weil er sich aus Hoffart vor dem aus Lehm geschaffenen Adam nicht niederwerfen wollte. Mit seinen Unterteufeln sucht er die Menschen zum Bösen zu verlocken, bis er bei dem Weltgericht vernichtet werden wird.

mannigfache viele

Das Engelsmotiv im Film

»Der Himmel soll warten«, 1978. Regie: Warren Beatty; Darsteller: Charles Grodin, Dyan Cannon, Jack Warden, James Mason, Julie Christie, Warren Beatty u. a.

»Rendezvous mit einem Engel«, 1997. Regie: Penny Marshall; Darsteller: Denzel Washington, Whitney Houston u. a.

Arbeitsanregungen

1. Vergleiche die christlichen Engelsbilder (S. 92) und die Darstellung der Engel in der Bibel (S. 93–95) mit der Figur des Engels Athanasius.

2. Hildegard von Bingen schreibt über die Aufgaben der Engel (S. 96). Welche Aufgabe hat Athanasius?

3. Wie der Text von Helmuth von Glasenapp (S. 96–99) deutlich macht, gibt es Engel im Christentum, im Judentum und im Islam. Wo siehst du Unterschiede, wo Gemeinsamkeiten? Bringe deine Ergebnisse in einer Tabelle anschaulich zur Darstellung.

4. Schreibe für die »Engelszeitung« ein Kurzportrait des Engels Athanasius, das seine wesentlichen Charaktereigenschaften und seine besonderen Leistungen enthält und begründet, warum er im himmlischen Orchester mitspielen darf.

5. Es gibt viele Filme, in denen Engel Hauptfiguren sind. Zwei Filmplakate sind auf den Seiten 100 und 101 abgedruckt. Stelle dir vor, Athanasius würde einem der beiden im Film dargestellten Engelskollegen begegnen. Schreibe ein Gespräch zwischen den beiden.

Weihnachtsgeschichten

Gerlinde Bartels
Der kleine Engel Benedikt ——————— 2007

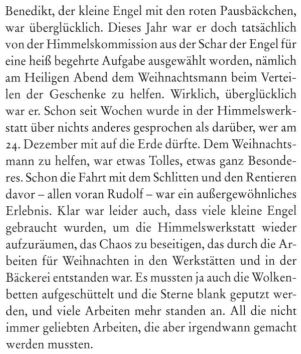

Benedikt, der kleine Engel mit den roten Pausbäckchen, war überglücklich. Dieses Jahr war er doch tatsächlich von der Himmelskommission aus der Schar der Engel für eine heiß begehrte Aufgabe ausgewählt worden, nämlich am Heiligen Abend dem Weihnachtsmann beim Verteilen der Geschenke zu helfen. Wirklich, überglücklich war er. Schon seit Wochen wurde in der Himmelswerkstatt über nichts anderes gesprochen als darüber, wer am 24. Dezember mit auf die Erde dürfte. Dem Weihnachtsmann zu helfen, war etwas Tolles, etwas ganz Besonderes. Schon die Fahrt mit dem Schlitten und den Rentieren davor – allen voran Rudolf – war ein außergewöhnliches Erlebnis. Klar war leider auch, dass viele kleine Engel gebraucht wurden, um die Himmelswerkstatt wieder aufzuräumen, das Chaos zu beseitigen, das durch die Arbeiten für Weihnachten in den Werkstätten und in der Bäckerei entstanden war. Es mussten ja auch die Wolkenbetten aufgeschüttelt und die Sterne blank geputzt werden, und viele Arbeiten mehr standen an. All die nicht immer geliebten Arbeiten, die aber irgendwann gemacht werden mussten.

Alle Kinder wissen, wovon hier die Rede ist. Und darum träumten alle Engel davon, einmal als Helfer des Weihnachtsmannes mit auf die Erde zu dürfen. Benedikt hatte es also geschafft, dieses Mal war er ausgesucht worden. Sein Glück war für ihn unfassbar. Wo er doch dieses

Mjahr sehr oft bei der Weihnachtsbäckerei ermahnt worden war, nicht so viel vom Teig und den Plätzchen zu naschen. Es war nicht so, dass der aufsichtsführende Engel es ihm nicht gönnte, jedoch waren die Wangen unseres kleinen Benedikts schon ganz schön gerundet und das Bäuchlein wurde auch ein wenig kugelig. Man kann sagen, Engel Benedikt war ganz groß darin, Sätze wie »Benedikt, gleich kriegst du Bauchweh!« zu überhören. Und die Rangelei mit seinem Freund, dem Engel Elias, weil dieser ihn »Mopsi« genannt hatte, hatte er auch in die hinterste Schublade seines Denkens gepackt. Allzu viele Ermahnungen bedeuten nichts Gutes, bedeuteten letzten Endes das Verbot einer Lieblingsbeschäftigung, meistens für eine ganz schön lange Zeit. Na, da hatte man wohl dieses Jahr ein Auge – wenn nicht sogar zwei – zugedrückt!

Pünktlich am 24. Dezember stand der Schlitten mit den Rentieren, die mit den Hufen scharrten, vor dem Himmelstor. Viele Engel hatten sich versammelt, um ihnen nachzuwinken. Der Weihnachtsmann ließ die Peitsche knallen und mit lautem Schlittenglockengeläut ging es auf einem extra breiten, glitzernden und glänzenden Mondstrahl hinunter auf die Erde. Rudolf versuchte sich in ein paar Extrasprüngen – er hatte wohl zu lange im Stall gestanden – was den Schlitten kurzfristig auf einen »Zick-Zack-Kurs« brachte. Engel Benedikt fand das toll. Es würde ein langer Abend werden mit vielen Arbeitsstunden und so hatte der Weihnachtsbäckerei-Engel Engel Benedikt die goldene Himmelsnaschdose voller köstlicher Leckereien wie Marzipan-Kartoffeln, Schokoladenlebkuchen, Zimtsterne, Butterspekulatius zur Stärkung mitgegeben und beim Füllen hineingetan, was Engel

Benedikt am liebsten mochte. Selig drückte er sie nun mit seinen dicken Patschhänden an sein Bäuchlein und kuschelte sich höchst zufrieden ein wenig an den Weihnachtsmann, um sich im nächsten Moment wieder kerzengerade aufzusetzen; schließlich war er als »Weihnachtsmann-Helfer-Engel« schon beinahe ein großer Engel! Auf der Erde sah es so schön aus. Es schneite sacht – die dafür zuständigen Engel hatten wohl doch noch ein paar Tonnen voller Schnee im äußersten Winkel des Himmelsgefrierraumes gefunden. Der Schnee knirschte leise beim Betreten der Wege. Sanft leuchtete das Licht aus den Häusern und ließ den Schnee auf Straßen, Häusern und Bäumen glitzern. Kirchenglocken läuteten und verbreiteten eine festliche Stimmung. Sogar der Wind hatte sein ansonsten stürmisches Temperament gezügelt und war kaum spürbar. Engel Benedikt vermutete, er war auf dem Weg, sich zur Ruhe zu legen. Schon viele Stunden waren der Weihnachtsmann und sein kleiner Helfer unterwegs. Die Freude der Kinder, ihre glänzenden Augen, die friedliche Stimmung von alten und jungen Menschen, der milde Glanz der Kerzen aus den Wohnstubenfenstern hatte ihnen immer wieder neue Kraft gegeben. Jetzt hatten sie nur noch ein einziges nicht allzu großes Geschenk zu einer Wohnung im letzen Wohnblock einer Straße zu bringen. Schon ein bisschen ermüdet gingen der Weihnachtsmann und Engel Benedikt am Fenster dieser Wohnung vorbei. Das Fenster war einen Spalt zum Lüften geöffnet worden. Engel Benedikt sah in das Wohnzimmer. Der Weihnachtsmann und er sahen ein Ehepaar mit einem kleinen, etwa sieben Jahre alten Jungen. Der Junge sah sehr dünn und blass aus und

Mbeide Eltern stützten ihn liebevoll, als sie vom Esstisch zum Sofa gingen. Gerade beugte sich die Mutter über ihn und sagte: »Was für ein Glück für uns, dass du doch schon zu Weihnachten wieder aus dem Krankenhaus entlassen werden konntest!« »Ja Mama«, sagte der Junge, »das ist für mich das schönste Geschenk, mehr brauche ich eigentlich gar nicht.« »Na, so ganz wird der Weihnachtsmann dich wohl nicht vergessen haben«, sagte der Vater zu seinem Sohn. Der Weihnachtsmann ging zur Wohnungstür, um das kleine bescheidene Paket hinzulegen. »Hier, leg die Keksdose dazu«, flüsterte der kleine Engel Benedikt und hob seine kleinen Arme mit den Köstlichkeiten in die Höhe, um sie dem Weihnachtsmann zu geben. Es war sein voller Ernst und tat ihm eigentlich überhaupt nicht – na vielleicht ein winziges bisschen – leid, was er aber ganz schnell unterdrückte. »Danke Bene, gut gemacht«, flüsterte der Weihnachtsmann und strich Engel Benedikt sacht über den Kopf. Die Wangen des kleinen Engels glühten vor Stolz. Bene hatte der Weihnachtsmann zu ihm gesagt. »Bene« sagte sonst immer nur das Christkind zu ihm, wenn es ihn für besonders liebevolles Verhalten lobte. Nachdem der Weihnachtsmann nun alle Geschenke verteilt hatte, begaben sich beide auf den Weg zum Rentierschlitten, um die Rückreise anzutreten. Sie kamen am Fenster vorbei und sahen, wie der Junge sich besonders über die Keksdose freute und rief: »Mama, Papa, guckt doch mal, wie sie glänzt und glitzert, und hmmm, hier probiert mal die Kekse, sie sind köstlich, nein, einfach himmlisch!« Der Weihnachtsmann und der kleine Engel lächelten sich an: »Wie recht er hat«, sagte der kleine Engel glücklich.

Christina Telker

Der Weihnachtsengel ——————————————— 2005

Tief verschneit lag das kleine Dorf im Winterschlaf. Nach Jahren begrüßte es den Heiligen Abend wieder einmal in weiß. Die Bäume hatten schwer an dieser Last zu tragen und doch freute sich Mensch und Natur über dieses prächtige Festkleid. Den Berg hinauf zum Kirchlein bewegte sich eine Menschenschlange bedächtig und ebenmäßig. Einzelne Laternen leuchteten in die Dunkelheit. Bei der Christvesper wollte keiner fehlen, selbst diejenigen nicht, die sich sonst das ganze Jahr nicht in der Kirche sehen ließen. Ein Heiliger Abend ohne Gottesdienst war doch kein richtiger Heiliger Abend, und bei diesem Wetter lockte es sowieso Jung und Alt zu einem Winterspaziergang ins Freie. Nur einer konnte nicht dabei sein, und das war Rolf. Beim Schlittschuhlaufen auf dem See hatte er der allzu dünnen Eisdecke vertraut und war eingebrochen. Nun lag er mit einer starken Erkältung im Bett. Etwas traurig war ihm schon zumute, als Eltern und Geschwister sich auf den Weg zur Kirche machten. Gerade in diesem Jahr sollte er den Weihnachtsengel spielen. Fleißig hatte Rolf geübt, seit Jahren freute er sich auf diese Rolle, die nur den Großen vorbehalten war, nun bekam sie Gerd, und er musste daheim im Bett bleiben. Betrübt lag er in seinen Kissen. Er träumte vor sich hin und sah sich im Engelskostüm in der Kirche stehen. Plötzlich sah er einen hellen Schein am Fenster. Wer war das? Waren die Eltern schon zurück vom Gottesdienst? Rolf lauschte in die Dunkelheit. »Seltsam«, dachte er, »das Licht scheint von oben zu kommen.« Neugierig schlich er ans Fenster.

Christvesper
Gottesdienst am Heiligen Abend

MTrotz der Kälte öffnete er es einen Spalt. Rolf wollte sehen, was sich dort draußen tat. Ein Gefühl von Spannung und Bange bemächtigte sich seiner. So, nun konnte er ins Freie blicken. Vom Himmel kam ein heller Schein direkt auf ihn zu, kam näher und näher. Erst hielt es Rolf für einen Stern oder Ähnliches. Dann aber sah er es immer deutlicher: Es war ein Engel! Rolf war so gefesselt von dieser Erscheinung, dass er nicht in der Lage war, sich zu bewegen. Der Engel kam genau auf ihn zu und landete auf dem Fensterbrett. »Guten Abend, Rolf! Ich bin der Weihnachtsengel«, begrüßte er diesen. »Vor über 2000 Jahren verkündete ich den Hirten die frohe Botschaft, dass im Stall von Bethlehem ein Kind geboren sei, Jesus, Gottes Sohn.« »Guten Abend«, stotterte jetzt Rolf. »Jedes Jahr zum Heiligen Abend sehe ich mich auf der Welt um. So erfuhr ich, dass du so gerne einmal der Weihnachtsengel sein wolltest, heute aber im Bett liegen musst. So dachte ich mir, du würdest dich freuen, mich persönlich kennenzulernen.« Rolfs Wangen waren rot wie ein Weihnachtsapfel, so strahlte er vor Freude. »Komm«, forderte ihn der Engel auf, »ich bedecke dich mit meinen Schwingen und du wirst die wahre Weihnacht kennenlernen.« Rolf ging etwas auf den Engel zu und schmiegte sich an ihn. Furcht hatte er schon lange nicht mehr. Er fühlte sich geborgen zwischen den Flügeln des Engels. Geblendet schloss er die Augen und erlebte die Weihnacht von einst. Er war in Bethlehem, stand zwischen Ochs und Esel an der Krippe und sah das Jesuskind. Er war dabei, als die Hirten mit den Schafen zur Krippe kamen, und lernte die Heiligen Drei Könige kennen. Mitten in das wunderbare Erlebnis hinein sprach ihn der Engel an: »Rolf, komm, steig in dein Bett, ich werde dich sanft zudecken. Gleich kommen deine Eltern nach Hause und ich habe noch einen weiten Weg vor mir.« Wie benommen legte sich Rolf ins Bett. Als etwas später die Geschwister ins Zimmer stürmten, um von der Christvesper zu berichten, schwieg Rolf stille. Was er erlebt hatte, war so groß, so wunderbar, dass er es ganz allein für sich behalten wollte. »Im nächsten Jahr bekomme ich bestimmt die Rolle des Weihnachtsengels«, dachte er noch, als er bereits mit den Eltern und Geschwistern vor dem geschmückten Tannenbaum stand.

Herman Bang
Einsam am Heiligen Abend ─────────── 1886

Jedes Mal, wenn Weihnachten kommt, muss ich an Herrn Sörensen denken. Er war der erste Mensch in meinem Leben, der ein einsames Weihnachtsfest feierte, und das habe ich nie vergessen können.

Herr Sörensen war mein Lehrer in der ersten Klasse. Er war gut, im Winter bröselte er sein ganzes Frühstücksbrot für die hungrigen Spatzen vor dem Fenster zusammen. Und wenn im Sommer die Schwalben ihre Nester unter den Dachvorsprung klebten, zeigte er uns die Vögel, wie sie mit hellen Schreien hin und her flogen. Aber seine Augen blieben immer betrübt.

Im Städtchen sagten sie, Herr Sörensen sei ein wohlhabender Mann. »Nicht wahr, Herr Sörensen hat Geld?«, fragte ich einmal meine Mutter. »Ja, man sagt's.« – »Ja ....

Verstehen und Deuten | **109**

Mich hab' ihn einmal weinen sehen, in der Pause, als ich mein Butterbrot holen wollte …«

»Herr Sörensen ist vielleicht so betrübt, weil er so allein ist«, sagte meine Mutter. »Hat er denn keine Geschwister?«, fragte ich. »Nein – er ist ganz allein auf der Welt …«

Als dann Weihnachten da war, sandte mich meine Mutter mit Weihnachtsbäckereien zu Herrn Sörensen. Wie gut ich mich daran erinnere. Unser Stubenmädchen ging mit, und wir trugen ein großes Paket, mit rosa Band gebunden, wie die Mutter stets ihre Weihnachtspäckchen schmückte.

Die Treppe von Herrn Sörensen war schneeweiß gefegt. Ich getraute mich kaum einzutreten, so rein war der weiße Boden. Das Stubenmädchen überbrachte die Grüße meiner Mutter. Ich sah mich um. Ein schmaler hoher Spiegel war da, und rings um ihn, in schmalen Rahmen, lauter schwarzgeschnittene Profile, wie ich sie nie vorher gesehen hatte.

Herr Sörensen zog mich ins Zimmer hinein und fragte mich, ob ich mich auf Weihnachten freue. Ich nickte. »Und wo wird Ihr Weihnachtsbaum stehen, Herr Sörensen?« – »Ich? Ich habe keinen, ich bleibe zu Hause.«

Und da schlug mir etwas aufs Herz beim Gedanken an Weihnachten in diesem »Zuhause«. – In dieser Stube mit den schwarzen kleinen Bildern, den schweigenden Büchern und dem alten Sofa, auf dem nie ein Mensch saß – ich fühlte das Trostlose, das Verlassene in dieser einsamen Stube, und ich schlug den Arm vors Gesicht und weinte.

Herr Sörensen zog mich auf seine Knie und drückte sein Gesicht an meines. Er sagte leise: »Du bist ein guter, kleiner Bub.« Und ich drückte mich noch fester an ihn und weinte herzzerbrechend.

Als wir heimkamen, erzählte das Stubenmädchen meiner Mutter, ich hätte »gebrüllt«.

Aber ich schüttelte den Kopf und sagte: »Nein, ich habe nicht gebrüllt. Ich habe geweint. Und weißt du, ich habe deshalb geweint, weil nie jemand zu Herrn Sörensen kommt. Nicht einmal am Heiligen Abend ...«

Später, als wir in eine andere Stadt zogen, verschwand Herr Sörensen aus meinem Leben. Ich hörte nie mehr etwas von ihm. Aber an jenem Tag, als ich an seiner Schulter weinte, fühlte ich, ohne es zu verstehen, zum ersten Male, dass es Menschen gibt, die einsam sind. Und dass es besonders schwer ist, allein und einsam zu sein an Weihnachten.

Gerda Schmidt
Weihnachten in 1001 Nacht _____ 2004

Alle Kinder und Erwachsenen des Dorfes saßen andächtig lauschend um den runden Brunnen herum im Schatten der großen Palmen. Durch das Palasttor wehte ein sanfter Wind, der die Palmwedel leise rauschen ließ.

Abdel Jamals Stimme drang tief und doch geschmeidig in jedes Ohr. Er verstand es nicht nur mit seinen Geschichten die Zuhörer in eine andere Welt zu entführen. Meist erhöhte er die Aufmerksamkeit seiner Bewunderer, indem er die Stimme vertrauensvoll senkte, um dann in der spannungsgeladenen Atmosphäre mit donnerndem

Gepolter den unerwarteten Höhepunkt zu setzen. Niemals wiederholte oder ähnelte sich eine seiner Geschichte, denn sie lebten im Land von Tausendundeine Nacht.

Nur die kleine Aisha wanderte mit ihren Gedanken in ferne Lande. Sie hatte von einem Jungen der Kamelkarawane gehört, es gäbe ein Land, in dem die Mädchen so helle Haare tragen, wie der Mond leuchtet. Außerdem würde sich das Land am Ende des Jahres über Nacht in eine weiße Landschaft verwandeln. Die Lieblingsspiele der Kinder bestünden darin, mit einem Schlitten über den Schnee zu gleiten und auf Eisseen herumzukurven. Zudem bekämen in jener Zeit alle Kinder Geschenke, und jedes hätte noch mehr schöne Wünsche, die von einem kleinen Baby erfüllt wurden. Ob es dort wohl Sandstürme gab, die das ganze Land unter feinem Saharasand erstickten? Diesem Sand, der so wehtat, wenn er direkt ins Gesicht peitschte. Man konnte nur Türen und Fenster so gut es ging verrammeln, um sich vor ihm zu schützen. Zu gerne hätte Aisha gewusst, ob es dieses Land überhaupt gab, wo es sich befand und wie so ein Schlitten aussah.

Abdel Jamal hatte die Gabe, sofort zu erkennen, wenn seine Zuhörer unaufmerksam wurden und ihm in Gedanken nicht mehr folgten. Er war es nicht gewöhnt, dass man seinen Geschichten nicht den Vorrang gab, denn er verzauberte sogar Tiere mit seinen Erzählungen. Schnell erfasste er Aishas Träume und nun konnte er seine wahre Kunst unter Beweis stellen.

»… und das Mädchen Aisha nahm die Einladung des Teppichs zögernd an. Unsicher setzte sie sich in die Mitte des roten Kelims, den ein Muster aus roten und goldenen Blumen zierte. Wir fliegen jetzt zu den Bergen, die so hoch sind, dass sie fast den Himmel berühren. Im weißen Winterzauber gleiten wir mit dem Weihnachtsschlitten durch den weichen Pulverschnee, bis ganz hinab ins Tal zu den zugefrorenen Seen …«.

Sofort war Aishas Aufmerksamkeit wieder ganz bei ihm. Abdel Jamals Augen fesselten das Mädchen und entführten es in ein fremdes Land.

»… eine vorbeihuschende Windböe wirbelte Aisha die kalten Schneekristalle so heftig ins Gesicht, dass es schmerzte. Unten im Tal ging die Reise weiter am Ufer eines Eissees entlang. Viele Kinder tummelten sich darauf. Andere wiederum tanzten um einen bunt geschmückten Tannenbaum, unter dem eine kleine Krippe stand. Darin lag das Christkind.

›Wer ist dieses Kind?‹, fragte Aisha eines der Mädchen, das gerade seinen Wunschzettel neben die Krippe legte.

›Bist du dumm? Das ist das Christkind, das alle Wünsche erfüllen kann.‹ Geringschätzig sah das Mädchen mit den langen, blonden Zöpfen Aisha an.

›Und warum tut es das?‹, fragte Aisha mutig weiter.

›Weil es Weihnachten ist und das Christkind Geburtstag hat. Und wenn der Abendstern zu leuchten beginnt, kommt der Weihnachtsmann mit seinem großen Schlitten durch die Luft geflogen. Er verteilt dann die Geschenke auf der ganzen Welt.‹ Belehrend malte der Blondschopf mit beiden, weit ausholenden Armen einen riesigen Erdball für das dunkelhaarige Kind aus dem Orient in die Luft und unterstrich so die Bedeutung dieses Festes.

Als Aisha wieder zu ihrem Teppich ging und darauf Platz nahm, schaute ihr das Mädchen aus dem fernen Land mit großen Augen hinterher. Elegant schwebte der

MKelim Richtung Dorfmitte. Alle Häuser waren von Schnee bedeckt und aus ihren Kaminen stieg dunkler Rauch in die kalte Winterluft. Aisha wusste nun, was Weihnachten war. Es war dasselbe Fest, dass sie im neunten Monat des Mondes zu Hause im Orient feierten. Die Kamele schaukelten dann mit dem duftenden Harz des Balsambaumes über die Weihrauchstraße, und wenn die Zeit des Ramadan vorüber war und die Nacht entschwand, wartete man, bis der Morgenstern am frühen Himmel leuchtete. Dann war Bairam, das große Fest, mit dem die Fastenzeit beendet wurde.«

Aisha war fasziniert von dieser Geschichte. Das kleine Christuskind, das so versonnen lächelte, hatte ihr Herz berührt. Gab es außer Allah, dem Allmächtigen, noch jemanden, der Herr über alle Güter war?

Nun begaben sich alle Zuhörer auf den Weg nach Hause. Nur Aisha saß noch alleine unter der Palme. Mittlerweile war die Sonne langsam untergegangen und der Mond zeichnete kleine Spuren in den Sand, der schnell abgekühlt war. Da trat Abdel Jamal zu ihr und fragte sie, warum sie noch hier sitze. Er machte sich Sorgen darüber, ob er dem hübschen Mädchen die andere Religion nahegebracht hatte und eventuell Ärger mit dessen Eltern bekommen würde. Deshalb erklärte er ihr sofort: »Allah ist groß und mächtig. Vergiss alles andere. Das war nur ein Märchen und hat nichts zu bedeuten.«

Dann standen sie gemeinsam auf und er schickte das Kind nach Hause. Aisha nickte und ging. Doch als er sie nicht mehr sehen konnte, zog sie den kleinen Tannenzweig, an dem ein silbernes Kreuz hing, aus der Tasche.

Arbeitsanregungen

1. Der kleine Engel Benedikt hat da ja wirklich ein gutes Werk getan. Stelle dir vor, der kleine Junge findet in der Keksdose die Anschrift vom Engel Benedikt und beschließt, diesem einen Brief zu schreiben. Wie könnte der Brief lauten?

2. Schreibe einen Tagebucheintrag, den Rolf nach der Begegnung mit dem Weihnachtsengel geschrieben haben könnte.

3. Die Geschichte »Einsam am Heiligen Abend« erzählt von Herrn Sörensen, der ganz allein lebt und auch Weihnachten ganz allein verbringen muss. So wie Herrn Sörensen ergeht es vielen Menschen. Überlege mit deinen Klassenkameraden, was ihr zu Weihnachten für solche Menschen tun könnt.

4. Die kleine Aisha aus dem Morgenland erfährt auf wundersame Weise, was Weihnachten ist und wie es bei uns in Deutschland gefeiert wird. Dabei entdeckt sie, dass das Weihnachtsfest sehr dem Ramadanfest ähnelt. Recherchiere in der Bibliothek oder im Internet, was es mit dem Ramadanfest auf sich hat und wo es Gemeinsamkeiten und Unterschiede mit dem Weihnachtsfest gibt.

5. Lest euch in der Klasse gegenseitig weitere Weihnachtsgeschichten vor.

Verstehen und Deuten

Gebet, Tod und ewiges Leben

Albrecht Dürer: Betende Hände (um 1508)

Abendgebet

Abends wenn ich schlafen geh,
Vierzehn Engel bei mir stehn,
Zwey zu meiner Rechten,
Zwey zu meiner Linken,
Zwey zu meinen Häupten,
Zwey zu meinen Füssen,
Zwey die mich decken,
Zwey die mich wecken,
Zwey die mich weisen
In das himmlische Paradeischen.

Teresa von Avila
Freundschaft mit Gott im Gebet _____ um 1560

Teresa von Avila, eine spanische Nonne und Mystikerin, sieht das Gebet als die entscheidende Möglichkeit für eine innige und sehr vertraute Freundschaft mit Gott:

Über das, was ich aus Erfahrung kenne, kann ich sprechen, und das ist Folgendes: Einer, der zu beten begonnen hat, soll es ja nicht mehr aufgeben, mag er auch noch so viel Schlechtes tun, denn das Gebet ist das Heilmittel, durch das er sich retten kann, während ohne es alles viel schwerer ist. Er soll sich nicht vom Bösen versuchen lassen, wie es mir erging, und es aus Demut aufgeben, sondern er soll vielmehr daran glauben, dass die Worte des Herrn nicht trügen können. Wenn wir ehrlich bereuen

Mund uns zudem vornehmen, ihn nicht mehr zu beleidigen, dann wendet er uns wieder seine Freundschaft zu wie zuvor, und er erweist uns von Neuem die gleichen Wohltaten wie zuvor, manchmal sogar noch mehr, je nachdem wie unsere Reue ausfällt. Wer aber noch nicht begonnen hat zu beten, den bitte ich um der Liebe des Herrn willen, doch nicht auf ein so großes Gut verzichten zu wollen. Es gibt gar nichts zu befürchten, sondern nur zu erwarten. Wenn es auch nicht vorwärtsgeht, er sich aber um seine Vervollkommnung bemüht, um des Geschmackes und der Geschenke würdig zu werden, die Gott solchen Menschen gibt, dann wird er schon nach einem kurzen Gewinn den Weg zum Himmel erkennen; und wenn er durchhält, dann hoffe ich auf die Barmherzigkeit Gottes, dass er nicht einen zum Freund genommen hat, der es ihm nicht vergelte.

Denn das innerliche Gebet ist meiner Ansicht nach nichts anderes als ein Gespräch mit einem Freund, mit dem wir oft und gern allein zusammenkommen, um mit ihm zu reden, weil wir sicher sind, dass er uns liebt. Und wenn ihr ihn noch nicht liebt – denn um von einer echten Liebe und beständigen Freundschaft sprechen zu können, müssen sich beide Partner auf einer gleichen Stufe treffen: Was den Herrn betrifft, so wissen wir schon, dass er in nichts fehlt, wir aber sind voller Fehler, sinnlich und undankbar – wenn ihr ihn also noch nicht liebt, könnt ihr es aus eurer eigenen Kraft heraus nicht fertigbringen, ihn entsprechend zu lieben, denn er ist so ganz anders als ihr; aber wenn ihr den großen Nutzen seht, der euch aus der Freundschaft mit ihm erwächst, und wenn ihr seht, wie sehr er euch liebt, dann nehmt ihr dieses Leid gern auf euch, dass ihr nämlich mit einem zusammen seid, der so ganz anders ist als ihr.

O unendliche Güte meines Gottes, ich sehe, wer du bist und von welcher Art ich bin. Und wenn ich das so sehe, o Wonne der Engel, dann möchte ich mich ganz in Liebe zu dir auflösen. Wie gewiss ist es doch, dass du den erträgst, der es zulässt, dass du bei ihm bist! O was für ein guter Freund bist du, mein Herr, wie beschenkst du ihn, wie erträgst du ihn, und wie sehr ersehnst du, dass er sich dir gleichförmig macht, währenddessen du seine Andersartigkeit erträgst! Bedenke, mein Herr, jeden Augenblick, den einer in Liebe zu dir zubringt; bereits aufgrund einer kurzen Reue vergisst du die Beleidigungen, die er dir zugefügt hat. Das habe ich in meinem Fall ganz klar gesehen, aber ich verstehe nicht, mein Schöpfer, warum nicht die ganze Welt darauf aus ist, durch diese besondere Freundschaft zu dir zu gelangen: die Schlechten, die dein Leben noch nicht teilen, damit du sie gut machst und sie es zulassen, dass du bei ihnen bist, und wenn es nur ein paar Stunden sind jeden Tag, auch wenn diese nicht bei dir sind, sondern mit tausenderlei Sorgen und Gedanken an die Welt erfüllt sind, wie es mir erging. Um dieser Anstrengung willen, die sie machen, weil sie sich gern in guter Gesellschaft aufhalten – bedenke doch, dass sie in diesem Punkt am Anfang noch nicht mehr vermögen, manchmal noch nicht einmal nach längerer Zeit –, hältst du, mein Herr, die Angriffe des Bösen von ihnen zurück, sodass dieser jeden Tag weniger gegen sie vermag, und du verhilfst ihnen auf diese Weise zum Sieg.

Hieronymus Bosch: Der Aufstieg in das himmlische Paradies (um 1500)

Günter Ewald
Nahtoderfahrungen —————————————— 2006

Schätzungsweise fünf Prozent der Deutschen haben mindestens einmal nach einem Unfall, bei schwerer Krankheit, bei einer Geburt oder ganz spontan ein außergewöhnliches Erlebnis, das ihr weiteres Leben mit prägt. Oft, aber nicht immer, geschieht es während eines Herzstillstandes. Zu den häufigsten Kennzeichen gehören: Schwebeerlebnis mit Beobachtung des eigenen Körpers (Außerkörpererfahrung, OBE), Lichtvision, oft personalisiert und am Ende eines Tunnels, außerordentliche Glücksgefühle, Lebensfilm, Begegnung mit bereits verstorbenen Freunden oder Verwandten, Enttäuschung über die »Rückkehr« in den kranken Körper, verändertes Leben ohne Angst vor dem Tod. Viele behalten das Erlebnis für sich, weil sie Angst haben, ausgelacht oder gar als hirngeschädigt angesehen zu werden. Für die meisten ist es ein verborgener Schatz, der ihnen neue Lebensperspektive gibt, aber auch mit fast unerträglicher Sehnsucht »zurück ins Licht« verbunden sein kann.

OBE
Abk. für engl. »Out-of-Body-Experience«

Sri Chinmoy

Wie sollten sich Angehörige verhalten, wenn jemand stirbt? 1982

UNO
→ Seite 144

Sri Chinmoy, ein indischer Religionslehrer, der im Dienst der UNO stand, hat beschrieben, wie Angehörige mit dem Tod eines nahestehenden Menschen nach seiner Auffassung umgehen sollten.

Wir sind alle Reisende im selben Zug. Der eine ist an seinem Reiseziel angekommen. Er muss an dieser Haltestelle aussteigen, aber wir müssen weiterfahren und eine größere Entfernung zurücklegen. Wir müssen uns bewusst sein, dass jede Todesstunde von Gott gutgeheißen worden ist. Kein Mensch kann sterben, ohne dass Gott dies billigt oder duldet. Wenn wir also Vertrauen zum Höchsten haben, wenn wir Ihm Liebe und Ergebenheit entgegenbringen, werden wir fühlen, dass Gott unendlich viel mehr Mitleid hat als irgendein Mensch, unendlich viel mitleidsvoller ist als wir, die wir unsere Geliebten behalten möchten. Selbst wenn der Sterbende unser Sohn, unsere Mutter oder unser Vater ist, müssen wir wissen, dass Gott ihm oder ihr unendlich viel näher ist als wir. Gott ist unser Vater und unsere Mutter. Wenn jemand aus der Familie zu Vater und Mutter geht, werden die anderen Angehörigen derselben Familie niemals traurig sein. Wenn wir das spirituelle Leben angenommen haben und wirkliche Freude haben wollen, müssen wir uns im Klaren sein, dass wir das nur erreichen können, wenn wir unser Leben dem Willen des Höchsten übergeben. Wir mögen zwar den Willen des Höchsten nicht kennen, aber wir wissen, was Hingabe ist. Wenn Gott jemanden aus unserem Leben wegnehmen möchte, müssen wir dies annehmen. »Dein Wille geschehe«. Wenn wir eine solche Haltung haben, dann werden wir die größte Freude empfinden. Und diese Freude erweist demjenigen, der diese Welt verlässt, den größten Dienst. Wenn wir uns dem Höchsten vollständig ergeben, wird diese Hingabe zu zusätzlicher Stärke und Kraft für die scheidende Seele, die hier unter der Knechtschaft leidet. Wenn wir so unseren Willen wirklich dem Willen des Höchsten unterwerfen, dann wird diese Hingabe unserer selbst in Tat und Wahrheit der Seele, die kurz vor dem Verlassen der Erdenwelt steht, Frieden, tiefsten Frieden bringen.

Arbeitsanregungen

1. In der letzten Szene des Theaterstücks wendet sich Klara im Gebet an Athanasius, um ihm zu danken und ihm eine erfolgreiche Prüfung zu wünschen. Betest du? Sprich mit deinem Sitznachbarn bzw. deiner Sitznachbarin darüber.

2. Der Text von Teresa von Avila, einer sehr frommen spanischen Nonne, zeigt sehr anschaulich, warum Gebete für den Menschen so wichtig sein können. Wie beurteilst du die Gedanken von Teresa?

3. Opa Hubert stirbt in der letzten Szene des Theaterstückes und verschwindet, sich mit Athanasius »angeregt unterhaltend«, als Engel zwischen den Wolken, um im »Nachspiel« mit seinem Akkordeon bei seinem ersten Auftritt das Himmlische Orchester ganz schön durcheinanderzubringen. Wie könnte die Geschichte für Opa Hubert im Himmlischen Orchester weitergehen?

4. Für gläubige Menschen ist der Tod nicht nur das Ende des irdischen Lebens, sondern zugleich der Anfang des ewigen Lebens. Das berühmte Bild von Hieronymus Bosch (S. 120) zeigt, wie viele Menschen sich den Übergang der Seele nach dem Tod vorstellen. Lies dazu die Texte von Günter Ewald und Sri Chinmoy und schreibe deine Gedanken auf.

Wirkung und mediale Gestaltung

Stadt Neuburg an der Donau
Pressemitteilung ——————————————— 2005

8. Dezember 2005
»Klaras Engel« bei jungem Publikum außerordentlich beliebt
Kulturamt verzeichnet besonders große Nachfrage bei Kinder- und Jugendtheater

Wenn der erfolgreiche Kinderbuchautor Paul Maar ein Theaterstück verfasst, so ist ihm der Erfolg eigentlich sicher. Daher hat man dem Stück im Neuburger Spielplan auch mehrere Vorstellungen und sogar Zusatztermine eingeräumt. Damit konnte der außerordentlich großen Nachfrage Rechnung getragen werden. In den sechs Vorstellungen, die in der vergangenen Woche über die Neuburger Bühne gingen, kamen so insgesamt 1200 Schülerinnen und Schüler in den Genuss des Gastspiels des Fränkischen Theaters Schloss Maßbach.

Gemeinsam mit dem Engel Athanasius und der kleinen Klara durchlitten sie das um ein Haar verpatzte Weihnachtsfest bis hin zum Happy End. Den Kindern konnte so mit einem beeindruckenden Theatererlebnis Kultur und Literatur nahegebracht werden.

Fragen an Katrin Griesser, Schauspielerin ___ 2007

Katrin Griesser hat u. a. am Stadttheater in Fürth die Rolle der Klara Eichner gespielt. Die folgenden Fragen hat sie in einem E-Mail-Interview beantwortet.

Wie wird man Schauspielerin?

Der übliche Weg, Schauspielerin zu werden, ist die Ausbildung an einer Schauspielschule. Dort macht man eine Aufnahmeprüfung, und wenn man diese bestanden hat, bekommt man nach drei bis vier Jahren Ausbildung und erfolgreichem Abschluss der Schule ein Diplom als Schauspielerin.

Wie sieht der Alltag einer Schauspielerin aus? Haben Sie z. B. feste Arbeitszeiten?

Tja, diese Frage ist gar nicht so einfach zu beantworten, denn der Alltag einer Schauspielerin sieht oft sehr unterschiedlich aus. Das ist ja auch das Schöne an diesem Beruf, es wird selten langweilig oder routiniert. Doch kommt es sehr darauf an, was man gerade für ein Engagement hat. Im Normalfall, wenn man eine Produktion am Theater macht, hat man schon so etwas wie feste Arbeitszeiten. Meistens wird von 10 bis 14 Uhr und von 18 bis 22 Uhr geprobt oder man hat statt der Abendprobe eine Vorstellung. Allerdings können sich diese Zeiten auch immer wieder ändern oder verschieben. Da muss man schon flexibel sein. Wenn man jedoch beim Fernsehen arbeitet, wird man meist tageweise gebucht und muss dann an diesem Tag ständig zur Verfügung stehen.

Muss man im Fernsehen anders schauspielern als im Theater? Und wenn ja: Warum ist das so?

Ja, es gibt da ziemlich große Unterschiede in der Arbeitsweise. Für Film oder Fernsehen muss man ganz anders spielen als im Theater. Erstens kann man viel »kleiner« spielen, da ja die Kamera direkt vor einem ist und man keine große Distanz, wie im Theater, überbrücken muss. Zweitens dreht man beim Film und Fernsehen pro Tag nur wenige Minuten, das heißt man spielt sehr oft hintereinander eine kleine Szene, bis wirklich alle Details stimmen. Dabei muss man sehr präzise arbeiten, denn die Szene sollte jederzeit genauso wiederholbar sein. Im Theater hat man zwar den Vorteil, eine ganze Geschichte von Anfang bis zum Schluss durchzuspielen, und dadurch ist die Entwicklung einer Figur leichter herzustellen, aber man hat auch nur eine Chance, weil man ja direkt vor dem Publikum spielt. Beim Drehen kann sich

Katrin Griesser

der Regisseur einfach die beste Szene aussuchen – im Theater hingegen sollte alles von Beginn an stimmen.

Wie kommt eine Schauspielerin an ihre Rollen? Gibt es z. B. so etwas wie Stellenanzeigen für Schauspieler in der Zeitung?

Nein, in der Zeitung findet man leider keine freien Stellen oder Rollenangebote. Es gibt viele verschiedene Möglichkeiten, Arbeit als Schauspielerin zu finden. Entweder man schickt Bewerbungen an die Theater oder Regisseure/Regisseurinnen, die einen interessieren, und hofft, dass diese gerade eine Schauspielerin suchen. Oder man sucht sich eine Agentur, die einen vermittelt. Diese stellt dann den Kontakt zwischen dem Theater und dem Künstler her. Zudem empfehlen auch Intendant/innen oder Regisseure/Regisseurinnen den Schauspieler/die Schauspielerin weiter und man kommt auf diesem Weg zu einem Vorsprechen bzw. einer Rolle. Das Wichtigste ist erst mal, einen Vorstellungstermin zu bekommen, und dann gehört auch noch ganz schön viel Glück dazu, engagiert zu werden, denn es gibt sehr viele Schauspieler/innen und im Vergleich dazu leider zu wenig Arbeitsplätze.

Wie lange dauerte es, bis Sie die ganze Rolle der Klara auswendig gelernt hatten? Haben Sie besondere Tricks, um Texte schnell zu lernen?

Das ist schwer zu beantworten, aber ich habe leider keine Tricks, Texte schneller zu lernen. Meistens fange ich so zwei bis vier Wochen vor dem Probenbeginn an, das Stück immer wieder zu lesen und mir Gedanken darüber zu machen. Damit kann ich mir einen Überblick verschaffen über die Situationen, die Geschichte und die Figuren, die in dem Stück vorkommen. Dann fange ich an, Szene für Szene zu lernen und stets zu wiederholen. Meistens teile ich mir das Stück in mehrere Teile ein und lerne immer in kleinen Abschnitten. Im Idealfall komme ich auf die erste Probe und kann meinen Text schon auswendig.

Nehmen Sie das Theaterpublikum wahr, während Sie auf der Bühne stehen, oder sind Sie so konzentriert, dass Sie gar nicht richtig sehen, wer dort sitzt?

Meistens ist es »rein technisch« gar nicht möglich, die Zuschauer zu sehen, da die Scheinwerfer so stark eingestellt sind, dass man durch das (blendende) Licht keine einzelnen Gesichter erkennen kann. Außerdem ist man wirklich meist so konzentriert auf die Rolle, dass man das Publikum nicht ansieht. Aber ich spüre natürlich auf der Bühne die Anwesenheit wie auch die Reaktion der Zuschauer und das ist gut so.

Gab es bei einer Aufführung von »Klaras Engel« einen lustigen Zwischenfall, von dem Sie berichten können?

Oh ja, da gab es einige. Einer davon ist, dass unser Christbaum, der ja aus Plastik war und ziemlich viele Vorstellungen »überstehen« musste, auf der Bühne zusammengebrochen ist. Mitten in der »Christbaumschmückszene« krachte der obere Teil des Baumes ab, und wir mussten uns alle sehr konzentrieren, um nicht laut loszulachen. Der Baum sah alles andere als schön aus, sondern sehr, sehr lustig. Daraufhin mussten wir einen neuen Baum kaufen.

Warum unternimmt die Familie nichts gegen den fiesen Vermieter, Herrn Sperber?

Nun ja, aufgrund der finanziellen Schwierigkeiten von Klara und ihrer Mutter ist es natürlich schwer, sich zu wehren, denn Herr Sperber könnte die Familie Eichner ja vor die Türe setzen, und das wäre eine Katastrophe für alle.

Die Familie Eichner hat nicht viel Geld. Glauben Sie, dass es einfacher ist, ein schönes Weihnachtsfest zu verbringen, wenn man reich ist?

Nein, das glaube ich nicht. Genau darum geht es ja auch in »Klaras Engel«. Das Wunderbare ist doch, dass Weihnachten viel mehr bedeutet als viele Geschenke und gutes Essen. Das Wichtigste ist, dass die Menschen es schaffen, gut miteinander umzugehen, und sich darauf besinnen, dass die bedeutsamen Dinge im Leben nicht mit Geld zu kaufen sind.

Warum muss Opa Hubert am Ende des Stückes sterben?

Nun ja, ich glaube es ist einfach der Lauf der Welt. Der Tod gehört genauso zum Leben wie alles andere auch. Das Schöne am Abschied von Opa Hubert ist, dass alle drei es schaffen, trotz aller Schwierigkeiten, sich zu zeigen, wie lieb sie sich haben. Jeder auf seine eigene Weise. Ich glaube, deshalb kann Opa Hubert auch in Frieden von dieser Welt gehen.

Können Sie sich an eine besondere Reaktion des Publikums nach einer Aufführung von »Klaras Engel« erinnern?

Im Anschluss an eine Aufführung in Fürth hat mir eine Hauptschullehrerin erzählt, dass sie ihre Schüler noch nie so aufmerksam und begeistert erlebt hätte. Die Klasse war vorher noch nie im Theater und die Schüler konnten sich anscheinend sehr gut in die Figuren hineindenken, weil ihnen die Verhältnisse, in denen die Familie Eichner lebt, alles andere als fremd waren. Das ist natürlich einerseits erschreckend, andererseits hat ihnen das Stück aber auch einen neuen Zugang zum Nachdenken über diese Verhältnisse eröffnet.

Glauben Sie selbst an Engel oder eine höhere Macht, die uns beschützt?

Ich glaube, dass es so etwas wie Engel auf Erden gibt. Menschen, die mir helfen und für mich da sind. Und abgesehen von diesen »Engeln«, glaube ich auch daran, dass alles in meinem Leben einen Sinn hat und dass es irgendjemanden gibt, der auf mich aufpasst. Jedoch kann ich das nicht genauer in Worte fassen.

Matthias Boll

Im himmlischen Orchester ist noch ein Platz frei.
Rezension zu »Klaras Engel« ──────── 2006

Auf der Suche nach dem Glück: »Klaras Engel« von Paul Maar und Christian Schidlowsky im Theater Fürth

Ein Weihnachtsstück ohne Kunstschnee und buttercremedicke Gefühligkeit: Im Fürther Stadttheater geht das Autorenduo Paul Maar und Christian Schidlowsky volles Risiko. Es holt sein Publikum nämlich in dessen eigener Lebenswirklichkeit ab. Im Hartz-IV-Land biegt sich eben längst nicht mehr jeder Gabentisch unter der Last der schönen teuren Dinge. Jene Kesslergasse 20 a, in der »Sams«Schöpfer Maar und »Pfütze«-Frontmann Schidlowsky ihre Familie Eichner in den Stresstaumel stürzt, ist hier, jetzt und überall. Es ist zum Weinen lustig. Und zum Schieflachen traurig.

Hartz-IV-Land
→ Seite 144

»Klaras Engel«, im Stadttheater Fürth uraufgeführt und tosend beklatscht, stellt eine der heikelsten Fragen im Land der Fragezeichen: Gibt es ein Glück jenseits von Kontostand und Klamottenlabel? Und wenn ja, wie kommt es zu uns, wie ist es festzuhalten?

Klamottenlabel
Kleidung einer bestimmten Marke

Die Welt der Erwachsenen: Aus der Sicht der 13-jährigen Klara, die Katrin Griesser wunderbar zwischen Nicht-mehr-klein und Noch-nicht-groß changieren lässt, ist sie der blanke Horror. Ausstatter Andreas Wagner hat eine runtergewohnte Altbaustube geschaffen mit raffinierten perspektivischen Verzerrungen. Hier sind die Großen noch größer, ja riesenhafte Wunderwesen. Und hier liegt von Anfang an riesiger Streit in der Luft. Der Großvater, ein pensionierter Matrose und passio-

changieren
wechseln

nierter Sesselpupser (Lutz Glombeck sitzt die Rolle wie angegossen), kommandiert zum Steinerweichen. Die alleinerziehende Mutter (schön überspannt: Simone Ott), eher schlecht als recht verdienend, muss den Clan durchbringen, irgendwie. Wären nur nicht die unbeglichenen Rechnungen und der erbarmungslose Vermieter. Das Weihnachtsfest: eine Weihnachtsfarce. Maar und Regisseur Schidlowsky präsentieren Situationskomik und Tragik, Hektik und Herzschmerz, Erwartung und Enttäuschung als zwei Seiten einer Medaille. Schlicht gebaut, pointenreich und dicht gestrickt sind die Dialoge. Teils liegt der Saal krumm vor Lachen, teils ist er stumm vor Schreck. Jeder erspürt hier die gruslige Untiefen seiner eigenen Familienfeste. Im herkömmlichen Märchen könnte nun ein Engel helfen. Doch der erschrickt in Fürth erst einmal selber. Der nassforsche Athanasius (Oliver Spieß) will dringend ins himmlische Orchester, doch dessen Chef (Marc Marchand) verlangt die bestandene Schutzengelprüfung. Die lautet: Beschere Klara ein schönes Fest. Leicht ist das nicht. Hinreißend, wenn Athanasius, sichtbar nur für die verblüffte Klara, mit Popstarattitüde und Elektroharfe seine Hilflosigkeit zu kaschieren versucht. Engel sind halt auch nur Menschen.

Das Ende ist ein gutes. Klara begreift: Es gibt ein Glück. Glück ist, was man selber daraus macht. Glück ist, miteinander zu reden, Blockaden zu brechen und wieder einander in den Arm zu nehmen. »Klaras Engel« ist ein Kunststück. Denn es geht zu Herzen und vergisst den Verstand nicht.

Clan hier: Familie

Popstarattitüde Haltung eines Popstars *kaschieren* verbergen

Szenenfotos _____ 2005

Die Szenenfotos auf dieser und der nächsten Seite stammen aus einer Aufführung von »Klaras Engel« am Stadttheater Fürth im Jahr 2005 unter der Regie von Christian Schidlowsky. Die Rolle der Klara spielte Katrin Griesser,

der Großvater wurde von Lutz Glombeck dargestellt. Die Rolle des Athanasius übernahm Oliver Spieß und Marc Marchand spielte den Oberengel und den Vermieter Sperber.

Wirkung und mediale Gestaltung

Paul Maar
Verschiedene Medien für Literatur ———— 2003

Die folgenden Fragen und Antworten stammen aus einem Interview, das die Journalistin Andrea Huber mit Paul Maar führte und das am 29. November 2003 in der Zeitung »DIE WELT« erschien.

| *multimediale* mehrere Medien (z. B. Buch, Fernsehen, Radio) umfassende

Andrea Huber: Lässt sich nur noch über die multimediale Vermarktung Interesse für das Buch selbst erzeugen?
Paul Maar: Höre ich aus Ihrer Frage eine leise Missbilligung heraus? »Vermarktung« ist ja eher negativ besetzt. Ich sehe das unter anderem Blickwinkel. Ein Autor des 18. und 19. Jahrhunderts wie Goethe hatte die Wahl unter drei Möglichkeiten, sein Publikum zu erreichen. Er konnte ein Buch schreiben, ein Bühnenstück entwickeln oder ein Libretto verfassen. Für den Autor des 20. Jahrhunderts haben sich die Möglichkeiten erweitert.

| *Libretto* Text(buch) einer Oper

Andrea Huber: Was reizt den Schriftsteller, mit Hörspielen oder CD-Roms zu experimentieren?
Paul Maar: Ich bin in der glücklichen Lage, im Hörspiel zusätzlich zur Sprache mit Klängen, Geräuschen, Stimmen und Hallräumen experimentieren zu können, beim Film denke ich mehr in Bildern und Bildfolgen als in Dialogsätzen, bei der CD-Rom schließlich trete ich in Interaktion mit deren zukünftigen Benutzern. Jede dieser Möglichkeiten, sich auszudrücken, empfinde ich als reizvoll. Eine Beschränkung im formalen Bereich auf ein einziges Medium, etwa nur auf das Buch, erscheint mir genauso wenig plausibel, wie wenn ich

mich im inhaltlichen Bereich auf ein einziges Thema beschränken müsste, etwa darauf, ausschließlich Pferdebücher für zwölfjährige Mädchen zu schreiben.

Andrea Huber: Nach einer neuen Verbraucheranalyse geben nur noch 47 Prozent der deutschen Teenager an, gerne Bücher zu lesen. Vor acht Jahren lag die Zahl bei 60 Prozent. Kann man die Abwärtsbewegung stoppen?

Paul Maar: Ja, die sogenannte Teenagerzeit entwickelt sich immer mehr zu einer Latenzzeit, was das Lesen von Büchern anbelangt. Junge Erwachsene ab 20 lesen dann wieder mehr. Die von Ihnen angeführte Erhebung bezieht sich allerdings nur aufs Buch. Bei einer Umfrage in Finnland unter Jugendlichen ergab sich, dass 70 Prozent der Befragten nahezu ausschließlich, aber regelmäßig Jugendzeitschriften lesen. Und Finnland nimmt ja, wie die PISA-Studie ausweist, den vordersten Platz ein, was das Leseverständnis von Jugendlichen anbelangt. Vielleicht fehlt es bei uns einfach an interessanten Jugendzeitschriften.

Andrea Huber: Müssen nicht die Schulen mehr aktuelle Kinder- und Jugendbücher thematisieren?

Paul Maar: Vor Kurzem saß ich im ICE einem jungen Mädchen gegenüber, das in einem Reclam-Bändchen las: »Bahnwärter Thiel« von Gerhart Hauptmann. Auf meine Frage, was sie an der Lektüre interessiere, antwortete sie mit einem knappen »Nichts!« und fügte als Erklärung hinzu: »Ich muss es lesen. Für die Schule.« Ich fragte weiter, was sie denn lese, wenn sie nicht »müsse«. Nach kurzem Nachdenken nannte sie mir »Krokodil im Nacken« von Klaus Kordon, und wir unterhielten uns lange und angeregt über das Buch.

Andrea Huber: Das scheint das Dilemma zu sein: Die Pflichtlektüre im Deutschunterricht wirkt oft gestrig.

Paul Maar: Es ist nichts dagegen zu sagen, dass die Schüler einen Überblick über die Literaturgeschichte vermittelt bekommen und Autoren wie Kafka oder Brecht kennenlernen. Nur: Die Bücher, die sie interessieren und selbst leseunwillige Schüler fürs Buch begeistern könnten, finden selten Eingang in den Unterricht. »Krokodil im Nacken« wurde im Oktober mit dem Deutschen Jugendliteraturpreis ausgezeichnet. Fast möchte man wetten, dass die Hälfte der Lehrer, die bei ihren Schülern eigentlich das Interesse am Lesen fördern wollen, diesen Titel gar nicht kennt, zumindest das Buch nicht gelesen hat.

Andrea Huber: Die Freude am Lesen wird zuallererst in der Familie geweckt. Wann und wie sollten Eltern beginnen, ihren Kindern vorzulesen?

Paul Maar: Sobald die Kinder anfangen zu sprechen, also so früh wie möglich. Allerdings plädiere ich dafür, Geschichten nicht vorzulesen, sondern frei zu erzählen, mit Blickkontakt zum zuhörenden Kind.

Andrea Huber: Was kam bei Ihren eigenen Kindern am besten an?

Paul Maar: Die Geschichten, die ich erst für sie erfand und die ich dann später in »Der tätowierte Hund« versammelte, meinem ersten Buch für Kinder.

Andrea Huber: »Keiner weiß, wie ich heiß, furchtbar dumm, steht ihr rum«, reimt das Sams, das überhaupt ein ziemlich gewitzter Dichter ist. Kann man mit Lyrik junge Leser ködern?

Paul Maar: Ich bekomme viele Briefe von Kindern, und

in den meisten erzählen sie mir, dass ihnen besonders die Reime gefallen. Kinder haben eine große Affinität zu Reimen, Alliterationen, zu gebundener Sprache. Wenn ich lese, dass man in vorschriftlichen Zeiten die Mythen und Überlieferungen einer Gemeinschaft fast immer in gebundener Sprache weitergegeben hat, drängt sich mir die Vermutung auf, dass dieses Erbe bei den Kindern vielleicht immer noch nachwirkt.

Andrea Huber: Meist werden Kinderbücher von Erwachsenen gekauft. Denken Sie beim Schreiben an die großen Mitleser? In Sams IV etwa gibt es zahlreiche Anspielungen auf E. T. A. Hoffmann.

Paul Maar: Es ist nicht so, dass ich erwachsenen Lesern durch literarische Anspielungen kleine Aha-Erlebnisse verschaffen will. Ich bin leidenschaftlicher Leser, meine Lieblingsautoren sind mir wie Freunde, ich möchte ihnen einfach eine kleine Reverenz erweisen, sie über Jahrhunderte hinweg grüßen. Einer meiner Favoriten ist Laurence Sterne. Aus seinem »Tristram Shandy« habe ich zum Beispiel eine drei Seiten lange Szene in mein Buch »Andere Kinder wohnen auch bei ihren Eltern« geschmuggelt. Bis jetzt hat meines Wissens noch kein Leser oder Rezensent die Sterne-Passage in einem modernen Kinderroman als unpassend oder als Fremdkörper empfunden.

Andrea Huber: Hierzulande tauchen Kinderbücher – mit Ausnahme von Harry Potter – nicht in den Bestsellerlisten auf. Dokumentiert das den Stellenwert der Kinderliteratur?

Paul Maar: »DIE ZEIT« legt im Frühjahr und Herbst ihrer Ausgabe ein Heft bei, das sich »ZEIT Literatur«

Reverenz
Ehrerbietung

Rezensent
Kritiker

nennt. Kinder- oder Jugendbücher sucht man auf den 64 Seiten vergebens. Deutlicher kann das Feuilleton nicht zum Ausdruck bringen, dass es Jugendliteratur nicht zur »Literatur« rechnet. Und dies, obwohl kurioserweise auf der Titelseite das Foto eines lesenden Mädchens für das Sonderheft wirbt. Dass Kinderliteratur nicht in den Bestsellerlisten erscheint, hat aber auch einen pragmatischen Grund: Wegen ihrer hohen Verkaufszahlen würden Kinderbücher permanent die ersten zehn bis 15 Plätze der Liste blockieren.

pragmatischen hier: praktischen, einfachen

Andrea Huber: Damit wären wir wieder bei Potter: Auf den Erfolgsspuren von J. K. Rowling wandeln immer mehr Kinderbuchautoren. Zu viele?

Paul Maar: Wenn man die Herbsterscheinungen der Kinderbuchverlage durchforstet, drängt sich einem der Eindruck auf, dass ein bisschen zu viele Autoren von der Kalkulation ausgehen: Wenn Frau Rowling mit ihrem Zauberlehrling einen derartigen Erfolg hat, kann ich mit einer Magier- oder Hexengeschichte nicht ganz danebenliegen. Bei mir hat die Flut der Zaubererbücher den gegenteiligen Effekt ausgelöst. Im Frühjahr erscheint von mir »Fremder Bruder, große Schwester«. Darin geht es um reale Probleme realer Kinder.

Andrea Huber: Bedeutet dies am Ende, dass es keine Sams-Rückholtropfen mehr gibt?

gewissen Geheimagenten Ihrer Britischen Majestät James Bond »Never say never again« Anspielung auf einen James-Bond-Film (»Sag niemals nie«)

Paul Maar: Da halte ich es mit einem gewissen Geheimagenten Ihrer Britischen Majestät: »Never say never again.«

Arbeitsanregungen

1. In dem Interview auf den Seiten 126–131 beantwortet die Schauspielerin Katrin Griesser Fragen zum Stück, die du auch beantworten kannst (z. B. »Warum muss Opa Hubert am Ende des Stückes sterben?«). Wie sehen deine Antworten aus? Vergleiche sie mit denen von Frau Griesser.

2. Die Szenenfotos auf den Seiten 134 und 135 haben keine Beschriftung. Kannst du erkennen, welche Szenen aus dem Stück dargestellt sind?

3. Schreibe einen Leserbrief an die »Nürnberger Nachrichten«, in dem du Matthias Boll, dem Autor der Rezension zu »Klaras Engel« (vgl. S. 132 f.) mitteilst, wie dir sein Text gefällt. Achte darauf, deine Einschätzung auch gut zu begründen.

4. Schreibe für eure Schülerzeitung eine eigene Rezension zu »Klaras Engel«.

5. Paul Maar ist der Ansicht, dass wirklich interessante Bücher selten in der Schule behandelt werden. Hat er recht? Diskutiert in eurer Klasse gemeinsam mit eurer Lehrerin bzw. eurem Lehrer über dieses Problem und mögliche Lösungen.

Textquellen

[Anon.:] Abendgebet. Zit. nach: Achim von Arnim/Clemens Brentano: Des Knaben Wunderhorn. Alte deutsche Lieder. [1808.]. Hrsg. von Heinz Rölleke. Frankfurt/M./Leipzig: Insel 2003.

Bang, Herman: Einsam am Heiligen Abend. Aus: www.weihnachtsseiten. de/weihnachtsgeschichten/einsam-am-heiligen-abend/home.html.

Bartels, Gerlinde: Der kleine Engel Benedikt. Aus: www.weihnachten-total. de/Weihnachtsgeschichten/Weihnachtsgeschichten_Der_kleine_Engel_Benedikt.htm.

[*Bekes,* Peter:] Eine Rollenbiografie entwickeln. Originalbeitrag.

Bingen, Hildegard von: Engel und Menschen. Aus: Der Mensch in der Verantwortung. Das Buch der Lebensverdienste – Liber Vitae Meritorum. Freiburg i. Br.: Herder 1994. S. 262.

Boll, Matthias*:* Im himmlischen Orchester ist noch ein Platz frei. Aus: Nürnberger Nachrichten vom 28. 11. 2005. © Fränkische Landes-Zeitung, Neustadt/Aisch.

Chinmoy, Sri: Wie sollten sich Angehörige verhalten, wenn jemand stirbt? Aus: S. Ch.: Tod und Wiedergeburt. 3. Aufl. Sri Chinmoy Verlag 1982. S. 32 f.

Christian Schidlowsky. Biografie. Originalbeitrag.

Ein Interview mit der Schauspielerin Katrin Griesser. Originalbeitrag.

Engel in der Bibel. Aus: Die Bibel. Nach der Übersetzung Martin Luthers. Revidierte Fassung von 1984. Hrsg. von der Evangelischen Kirche in Deutschland. © 1999 Deutsche Bibelgesellschaft, Stuttgart.

Fragen an Katrin Griesser, Schauspielerin. Originalbeitrag.

Ewald, Günter: Nahtoderfahrungen. Aus: G. E.: Nahtoderfahrungen. Hinweise auf ein Leben nach dem Tod. Kevelaer: Topos 2006.

Frederking, Volker: Klaras Engel – ein Theaterstück. Originalbeitrag.

Glasenapp, Helmuth von: Engel im Christentum, im Judentum und im Islam. Aus: H. v. G.: Die fünf Weltreligionen. München: Eugen Diederichs Verlag 1996. S. 290 f., 226 f. und 392.

Kinder- und Jugendtheater. Aus: Brockhaus multimedial 2004. © Bibliografisches Institut & F. A. Brockhaus AG, 2004.

Krommer, Axel: Die Sprache der Figuren. Originalbeitrag.

Maar, Paul: Verschiedene Medien für Literatur. Aus: DIE WELT vom 29. 11. 2003.

Maar, Paul: Lesen und Hören. Aus: Petra Schraml: Interview mit Paul Maar am 18. 05. 2005. Aus: http://www.lesen-in-deutschland.de/html/content. php?object=journal&lid=562.

Paul Maar. Biografie. Originalbeitrag.

Schmidt, Gerda: Weihnachten in 1001 Nacht. Aus: www.weihnachtsseiten. de/weihnachtsgeschichten/weihnachten-in-1001-nacht/home.html. © by Gerda Schmidt.
Stadt Neuburg an der Donau: Pressemitteilung. Aus: http://www.neuburg-donau.de/aktuell/presse/pressearchiv/2005/05_12_08.theatererfolg.pdf. Verfasser: Bernhard Mahler.
Teresa von Avila: Freundschaft mit Gott im Gebet. Aus: T. v. A.: Freundschaft mit Gott. Hrsg. und übersetzt von Ulrich Dobhan. München/Zürich: Piper 1990. S. 104–106.
Telker, Christina: Der Weihnachtsengel. © by Christina Telker.

Bildquellen

Seite 70: Paul Maar. © Verlag Friedrich Oetinger.
Seite 72 li.: Cover zu: Paul Maar: Eine Woche voller Samstage. © Verlag Friedrich Oetinger.
Seite 72 re.: Cover zu Paul Maar: Das kleine Känguru und seine Freunde. © Verlag Friedrich Oetinger.
Seite 73: Christian Schidlowsky. © Christian Schidlowsky.
Seite 92 o.: Luigi Mussini: La musica sacra. 1841. Galleria dell' Accademia, Florenz. akg-images, Berlin.
Seite 92 u.: Raffael: Die Sixtinische Madonna. (Ausschnitt) 1512/13. bpk, Berlin.
Seite 100: Filmplakat zu: Der Himmel soll warten, 1978. Regie: Warren Beatty. Paramount Home Entertainment (Germany) GmbH, Unterföhring.
Seite 101: Filmplakat zu: Rendezvous mit einem Engel, 1997. Regie: Penny Marshall. Cinetext, Frankfurt/M. Foto: RR.
Seite 116: Albrecht Dürer: Betende Hände. Um 1508. picture-alliance, Frankfurt/M. Foto: dpa.
Seite 120: Hieronymus Bosch: Der Aufstieg in das himmlische Paradies. Um 1500. Venedig, Palazzo Ducale. Artothek, Weilheim.
Seite 127: Katrin Griesser. © Biggi Sauer.
Seite 134 f.: Szenenfotos aus der Aufführung von »Klaras Engel« am Stadttheater Fürth, 2005. © Fränkisches Theater Schloss Maßbach. Foto: Thomas Langner.

Anmerkungen

S. 85

PISA-Studie Im Jahre 2000 haben Wissenschaftler im Rahmen einer internationalen Studie u. a. herauszufinden versucht, wie gut Schülerinnen und Schüler aus ganz unterschiedlichen Ländern lesen können und wie gerne sie lesen. Deutschland hat bei dieser Studie viel schlechter abgeschnitten, als die meisten erwartet haben.

S. 90

»Gloria in excelsis deo« Lat. »Ehre sei Gott in der Höhe.« Beginn des Lobgesangs der Engel bei der Geburt Christi (Lukas 2,14) und wichtiger Teil der katholischen Messe und des lutherischen Hauptgottesdienstes.

S. 98

nachexilischen Literatur Unter nachexilischer Literatur versteht man die Schriften des Judentums, die seit der Zeit der babylonischen Gefangenschaft des Volkes Israel (586–538 v. Chr.) entstanden sind.

S. 122

UNO Engl. »United Nations Organization«. Eine 1945 gegründete Organisation, der fast alle Länder der Welt angehören und die versucht, drängende internationale Probleme mit politischen und diplomatischen, notfalls auch mit militärischen Mitteln zu lösen.

S. 132

Hartz-IV-Land Wenn man sagt, dass jemand »Hartz IV« bekommt, dann meint man, dass er eine Unterstützung vom Staat bezieht, die jedem zusteht, der z. B. lange arbeitslos ist und kein eigenes Vermögen besitzt, von dem er leben könnte. Wenn man Deutschland als »Hartz-IV-Land« bezeichnet, will man zum Ausdruck bringen, dass es momentan viele Menschen gibt, die in Armut leben und die auf die finanzielle Unterstützung vom Staat angewiesen sind.